영어공부, 딱 30문장으로 끝낸다

영어공부, 딱 30문장으로 끝낸다

제1판 제1쇄 발행일 2007년 11월 30일

글쓴이 • 이광희
펴낸이 • 소병훈
펴낸곳 • (주)산하미디어
주소 • 110-053 서울시 종로구 내자동 198번지 서라벌빌딩 4층
전화 • (02)730-2680
팩스 • (02)730-2687
등록번호 • 제300-2000-68호
홈페이지 • www.sanha.co.kr
전자우편 • sanha83@empal.com

ISBN 978-89-952830-1-1 13740

영어공부,
딱 30문장으로 끝낸다

이광희 글 · 강효숙 그림

산하미디어

"30문장을 외우면 막힌 귀가 뚫리고 닫힌 입이 열린다."

이 책이 목표로 하는 것이다.

이 책은 학생들을 가르치면서 영어에 대해 같이 고민하고 토론한 끝에 나왔다. 우리나라에서 영어 학습의 역사는 꽤 오래 되었고 그 방법도 많이 나왔지만 예나 지금이나 바뀌지 않은 것이 딱 한 가지 있다. 쉬운 영어를 어렵게 배운다는 것이다.

따라서 나는 쉬운 영어를 쉽게 가르치는 데 초점을 맞추어 왔다. 이런 과정에서 내가 처음 영어를 접했을 때 사용하던 방법을 상기했고 그것을 실제 학습에 적용했을 때 매우 효과적이라는 것을 깨닫게 되었다.

나는 중·고교 시절 수업 시간에 영어 책 낭독을 많이 했다. 또한 영어웅변대회에 참가하기 위해 영어 원고를 작성해서 밤새워 낭독하면서 외운 적도 있었다. 이런 것이 내 영어 발전에 큰 밑거름이 된 것이 아닌가 생각한다.

이런 경험을 현장에서 좀 더 효율적으로 활용하기를 반복한 끝에 하나의 매뉴얼 형태로 만든 것이 이 책이다. 모든 사람이 이 책을 통해 영어를 쉽게 배울 수 있기를 간절히 바란다.

이 책에 나와 있는 30문장은 중학교 영어 책에 나와 있는 정도로 쉬운 수준이다. 하지만 영어 학습자가 이 과정을 생략하고 결코 다음 과정으로 올라갈 수는 없다. 이것은 마치 터 닦기 공사 없이 집을 지을 수 없는 것과 같다고 할 수 있다.

또한 이 책은 영어의 기본 원리를 쉽게 이해할 수 있도록 설명했다. 리듬과 문법에 대해 더 잘 이해하면 할수록 영어를 더욱 쉽게 습득할 수 있기 때문이다. 따라서 이 책을 완전히 이해하고 30문장을 암기하면 쉽게 귀가 뚫리고 말문이 터지는 것을 느낄 수 있을 것이다.

이 책은 주로 고등학교 수험생들을 가르친 경험에서 나온 책이기는 하지만 영어를 처음 배우는 초심자에게나, 영어를 오래 공부했지만 쉽게 말문이 터지지 않는 사람에게나 모두 도움이 될 것으로 믿는다.

이 책이 완성되기까지 여러 에피소드를 들려주신 많은 분들과 책의 전체 틀과 각 장의 구성에 조언을 아끼지 않으신 산하미디어 편집부 여러

분들께 충심으로 감사를 드린다.

    또한 내게서 영어를 배운 학생들 역시 이 책 출간의 일등공신으로 꼽지 않을 수 없으며, 특히 사랑하는 내 딸 소윤이가 그 누구보다 큰 도움을 주었음을 아울러 밝히고 싶다.

    다시 한 번 모든 분들에게 감사를 드린다.

2007년 11월

이광희

목차

01

프롤로그

내가 강의하고 있는 학원으로 A가 찾아온 것은 2년 전 봄의 일이었다. A는 대학 진학에 실패한 뒤 재수를 준비하고 있던 남학생이었다. 테스트를 해본 결과 A의 영어수준은 한마디로 엉망이어서 기초 실력 부족을 여실히 드러내고 있었다. 문법, 어휘의 부족은 말할 것도 없고 영어 문장을 제대로 읽지도 못할 정도였다. 읽지도 못하는 학생에게 제대로 된 듣기를 기대한다는 것 역시 애당초 무리였다.

우선 책을 제대로 읽는 데 중점을 두기로 했다. 먼저 영어의 리듬에 대해 설명한 뒤 문장을 이 리듬에 맞추어 낭독하도록 했다. 그런 다음 영어 문법 중 가장 중요한 제5형식과 부정사를 설명하고 이와 관련된 몇 개의 문장을 암기하도록 했다. 문장을 암기할 때는 내가 먼저 읽은 뒤 A가 큰 소리로 따라 읽도록 했다.

다행히 A는 영어의 리듬을 곧바로 이해했다. 알고 보니 그는 고등학교

재학 시절에 기악으로 대학을 진학하려고 생각했다가 포기한 바 있어 리듬 감각 하나는 남다른 학생이었다. A는 내가 암기하라고 주문했던 제5형식과 부정사 문장을 어렵지 않게 외웠다. 여기에 덧붙여서 하루도 거르지 않고 어휘 암기를 꾸준히 시행하자 한 달도 채 되지 않아서 영어 책을 제대로 읽을 수 있게 되었다.

이렇게 공부를 한 지 딱 3개월이 지난 뒤 치른 모의고사 성적은 한마디로 눈부셨다. 평소 모의고사에서 30점대가 나오면 잘 나오던 성적이 80점대로 껑충 뛰어올라 있었던 것이다. 사실 30점대 점수라면 제대로 문제를 풀었다기보다는 어림짐작으로 찍은 결과라 할 수 있다. 성적 향상 정도가 기대 이상이어서 A에게 어떻게 그렇게 시험을 잘 볼 수 있었는지를 물어봤지만 당사자도 그냥 전에 시험 치를 때와는 다른 느낌을 받았을 뿐이라며 딱 부러진 대답을 하지 못했다.

그런데 A의 성적 향상에는 한 가지 특이한 점이 있었다. 그의 성적은 3개월 동안 점진적으로 향상된 것이 아니었다. 3개월이 다 가도록 이전과 거의 차이를 보이지 않던 성적이 3개월을 넘기면서 갑자기 큰 폭의 향상을 보였다는 점이다. 다시 말하면 A의 성적은 3개월 후에 질적인 도약을 보였다고 할 수 있다.

나는 A에게 뭐 그리 대단한 일을 했다고는 생각하지 않는다. 내가 학생에게 한 일이라고는 기껏해야 영어의 리듬에 대해서 귀띔해 준 것과 제5형식과 부정사 문장 몇 개를 리듬에 맞추어 낭독하게 한 것이 전부였다. 하지만 '대단한 일이 아니다'라는 내 자각이야말로 영어 학습의 요점이라 할 만하다. A에게 잠재되어 있던 소리 감각을 일깨워주고 그것을 통해 다시 그의 귀를 뚫어주고 독해 속도를 향상시킨 것이 대단한 일은 아니기 때문이다. 영어공부는 '대단한 일'이 아니다. 결국 A는 그 해 수능 영어에서 좋은 성적을 받고 명문대에 진학할 수 있었다.

그는 이전에 영어 공부를 전혀 하지 않은 것은 아니었다. 많은 영어 참고서를 공부하고 과외도 했지만 기초 공사조차 제대로 되지 않은 상태에서 말 그대로 사상누각을 쌓았기 때문에 성적이 제대로 나오지 않은 것뿐이었다. 따라서 내가 한 것이라고는 기초 공사를 제대로 하도록 도와준 것뿐이었다. 나머지는 모두 A 스스로가 쌓아 올린 것이다.

B는 재수생으로 체육대 진학을 희망하는 여학생이다. 내가 전년에 재수 종합학원에서 강의하고 있을 때 담당한 학생이었다. B의 성적도 모의고사에서 30점대를 간신히 유지하고 있을 정도였다. 성적 상담을 여러 번 하면서 나는 B의 성적을 향상시키기 위해 고심했다. 하지만 B에게는 치명적인 문제가 있었다.

B의 전과목 성적을 보면 수학·과학은 그런대로 보통 수준의 점수를 유지하고 있었지만 국어·영어 등의 어학 성적이 형편없이 나빴다. 특히 언어 영역 성적은 최악이어서 언어 때문에 골머리를 앓고 있었다. 그래서 대학 시험도 언어 영역 성적을 반영하지 않는 곳을 골라서 갈 생각도 하고 있었다.

언어 영역의 실력이 부족하니 영어 성적도 엉망일 수밖에 없었다. B가 맨 먼저 호소한 것은 영어 독해 시 우리말로 해석된 것을 보아도 무슨 말인지 잘 납득이 안 된다는 것이었다. 국어를 못하면 영어도 못한다는 것은 이미 잘 알려진 사실이지만 B의 경우는 좀 심한 경우여서 좋은 방법이 선뜻 떠오르지 않았다.

우선 언어 영역 담당 선생과 상의하니 고교 교과서와 학원 교재를 처음부터 끝까지 읽을 것을 권했지만 문제는 시간이었다. 때는 7월이라 수

능시험이 코앞에 닥쳐 있었다. 비상 조처가 필요했다.

나는 고심한 끝에 언어 문제를 건너뛰고 직접 영어 성적 향상에 나서기로 했다. 제5형식과 부정사 문장 30개를 던져 주면서 무조건 큰 소리로 읽고 암기하도록 했다. 이 밖에도 매일 거르지 말고 어휘를 암기할 것을 주문했다. B는 매우 성실한 학생이어서 나의 주문 사항을 하나도 놓치지 않고 그대로 실천했다.

내가 B를 지도하기 시작한 것은 그해 7월이어서 3개월 후인 10월 모의고사 성적이 어떻게 나올지 귀추가 주목되었다. B 역시도 나를 실망시키지 않았다. 10월 모의고사에서 약 40점 가량 상승해서 70점 대의 좋은 성적을 거두었다. B는 그 여세를 몰아 수능 시험에서도 기대했던 성적을 거두어 자신이 원하는 체육대학에 진학할 수 있게 되었다.

C는 음대 진학을 희망하는 성악 전공 여학생이다. B와 같이 내가 재수 종합학원에 몸 담고 있을 때 담당한 학생이었다.

C의 영어 성적은 중위권에 속했다. 보통 60점대에서 70점대 초반을 오르내리고 있었다. 그런데 C에게도 한 가지 문제가 있었다. 일반적인 예능 계통 전공 학생처럼 실기 연습을 하는 데 많은 시간을 쏟아야 했기 때문에 영어 공부를 따로 할 시간이 많지 않다는 것이었다. 결국 학원 정규 수업을 듣는 것 외에는 혼자서 공부할 시간은 거의 없는 셈이었다.

그럼에도 불구하고 C에게는 남다른 점이 있었다. 듣기평가에서는 거의 만점을 맞는다는 사실이었다. 다 맞히는 경우가 많고 어쩌다가 한 문제 틀리는 게 고작이었다. 뒤에 자세히 설명하겠지만 영어는 결국 리듬이라고 나는 본다. 성악을 전공하는 C에게는 남다른 리듬감이 있어서 듣기 평가에서 좋은 점수를 얻을 수 있었던 것이다. 문제는 독해 점수였다.

독해 점수 향상은 통상 투입 시간에 비례하는데, C는 성악 연습 때문에 영어 공부에 투입할 시간이 남보다 형편없이 적을 수밖에 없었다.

요컨대 C는 듣기에서 얻은 점수를 독해에서 잃고 있었다. C가 독해에서 점수를 잃는 가장 큰 이유는 시간 부족이었다. 시간이 부족하기 때문에 문제를 끝까지 풀지 못한 채 시험이 끝나는 것이 다반사였다. 나는 C에게도 몇 가지 처방을 내렸다. 먼저 제5형식과 부정사 문장 30개를 확실히 암기하도록 했다. 다음은 시간을 줄이면서 문제를 푸는 몇 가지 요령을 일러 주었다.

이 두 가지 조언으로 C의 점수는 가파르게 상승하기 시작했다. 다음 달부터 점수가 상승하기 시작하더니 3개월 후에는 90점대에 이르렀다. 마침내 수능 시험에서도 우수한 성적을 받아 자신이 원하던 음대에 진학했다.

어떤 사람은 영어에 지름길이 있다고 하는 반면에 어떤 사람은 영어 공부에 왕도는 없고 열심히 하는 수밖에 없다고 말한다. 분명히 말하건 대 영어 공부에 왕도는 없을지 모르지만 영어의 핵심은 분명히 있다. 영어의 핵심을 분명히 짚느냐 아니냐에 따라 영어를 습득하는 데 드는 시간과 노력은 엄청나게 차이가 나게 된다.

위의 세 학생은 일반적인 학생보다 불리한 여건에서 영어 공부를 한 예이다. 내가 일부러 그런 사례를 든 것은 결국 앞서 말한 '영어는 대단한 것이 아니다'라는 사실과 다시 일맥상통한다. 어려운 여건 하에서 그렇듯 짧은 시간 안에 영어 실력을 향상시켰다면 하물며 정상적인 여건에 있는 학생의 경우 더 말해 무엇 하겠는가?

이들이 이렇게 빠르게 실력 향상을 보인 요인을 살펴보면 '허무하게

도' 너무 간단하다. 회화와 독해에 두루 많이 사용되는 기초 문장 30개를 리듬에 맞추어 읽고 암기한 것이 거의 전부라 할 수 있기 때문이다.

그런데 불행하게도 현재 한국의 각급 학교와 학원에서 가르치는 영어는 그 핵심을 찌르지 못하고 변죽만을 울리고 있는 듯하다. 학교에서는 천편일률적인 교수 방법으로 학생들을 지루하게 하고 있고, 학원에서는 '…… 영어의 비법', '…… 프로그램'과 같은 현란한 문구의 신문 광고와 전단지로 영어 학습자 및 학부모를 현혹시키고 있다.

오늘도 많은 학생들이 학교에서 새벽부터 밤까지 영어 수업을 받고 학교가 끝나자마자 영어 학원을 찾고 있다. 고등 학생은 수능 등급을 높이기 위해서 가고, 대학생은 TOEFL이나 TOEIC 시험 준비를 위해서 간다. 그것도 모자라 과외 공부를 하기도 한다.

그런가 하면 서점에 가면 외국어 코너가 따로 있어 영어 교재가 산더미처럼 쌓여 있다. 어휘, 문법은 말할 것도 없고 생활 회화, TOEFL, TOEIC에 이르기까지 그 종류는 헤아릴 수조차 없다. TV나 라디오에서도 새벽에 눈뜰 때부터 저녁에 자기 전까지 영어 강좌가 끊임없이 쏟아져 나오고 있다. 바야흐로 영어의 홍수 시대에 살고 있다.

대학을 졸업하면 영어에서 해방될까? 천만의 말씀이다.

천문학적인 경쟁률을 뚫고 어렵게 회사에 들어가 한숨 놓을라치면 잠시 잊었던 영어에 대한 강박 관념이 다시 고개를 든다. 대학교에서 날밤 새면서 TOEIC 공부를 해서 높은 점수를 받아 입사에는 성공했지만 외국인과 대면하면 입이 열리지 않아 고민 끝에 영어 학원에 다시 등록을 하고 다닌다. 무한 경쟁에 돌입한 기업 내에서 쌓인 업무도 산더미 같은데 잠자는 시간을 줄여 영어 학원에 가려니 왠지 인생이 처량하다는 생각도 든다.

이 원수 같은 영어를 정복하기 위해 아예 미국이나 영국으로 어학 연수를 떠나는 사람들도 부쩍 늘고 있다. 대학교를 졸업하거나 휴학하고 가는 학생도 있고, 다니던 직장을 그만 두고 떠나는 사람들도 있다. 이들의 한결 같은 소망은 연수 중에 영어를 마스터하겠다는 것이지만 귀국할 때 보면 실력이 늘어서 오는 사람보다는 아무리 노력해도 정복되지 않는 영어에 잔뜩 주눅 들어 오는 사람이 더 많다.

나이가 지긋하신 분은 사정이 더 어렵다. 1970년대 고도 성장기에 회사에 입사해서 성실하게 생활함으로써 중역이 되신 몇몇 분은 영어 때문에 여간 고통스럽지 않다. 그 동안 남다른 노력으로 회사에 많은 기여를 함으로써 현재의 위치에 이르렀지만 국제화가 본격화됨에 따라 영어의 필요성이 점증하면서 남에게 말하기 힘든 고민이 생긴 것이다. 이분들은 회화 학원에도 다녀보고 비밀리에 과외도 받아 보지만 결과는 영 신통치 않다.

이런 저간의 사정을 훤히 꿰뚫고 있는 일부 눈치 빠른 사람들은 아예 태아 때부터 영어 교육에 매진하고 있다. 임신 6주인 태아를 위하여 영어 동화를 읽으면서 하루를 시작하고 주중에는 태교용 온라인 영어 강의를 듣고, 주말에는 영어 예배를 본다.

유치원 및 유아원에서는 원어민이 가르치는 프로그램만을 찾는가 하면 아이를 돌보는 것도 영문과 학생이나 재미 교포들이 영어로 돌보게 하고 있다. 더 나아가서 방학을 이용해 아예 아이를 미국으로 데려가 현지 유치원에 등록시키는 경우도 늘고 있다.

정규 학교에 입학한 아이들도 사정은 별반 다르지 않다. 초등학교에 입학한 후에 아직도 세상 물정을 잘 모르는 코흘리개 어린이들이 학교가 파하자마자 부리나케 영어 학원으로 직행해서 2시간 이상 영어 공부를 한다. 초등학교 1학년 때부터 중학교 3학년까지 평균 두세 시간 영어 공부를 하고, 강도 높게 하는 학생은 5시간 이상을 공부하기도 한다. 이렇게 공부해서 초등학교 3학년 정도면 중학교 정도의 실력을 갖추고, 초등학교 고학년 때부터 TOEFL을 준비해서 중학교 1학년 때부터 TOEFL 시험을 보기 시작한다. 일부 학생은 만점을 받기도 한다.

남녀 노소를 막론하고 이렇게 영어에 목을 매는데도 전체 평균 영어 성적은 오를 줄을 모른다.

한 경제 연구소가 조사한 바에 따르면 우리나라 사람이 영어 교육에 쏟아 붓는 돈은 연간 약 15조원으로 세계 최고 수준이라고 한다. 이는 일본의 3배 수준이고 그나마 조기 유학이나 영어 연수에 든 비용은 뺀 수치란다. 그럼에도 불구하고 우리나라는 아시아 12개국 중 영어 소통이 가장 힘든 나라라고 한다. 또한 전 세계에서 모두 치르고 있는 TOEFL 성적은 111위이고, 말하기만 놓고 보면 134위로 거의 꼴찌에 가깝다.

영어 성적이 이처럼 오르지 않는 이유는 무엇일까? 태아 때부터 영어 교육을 시키지 않아서인가? 아니면 유치원 다닐 때 원어민과 함께 놀이를 하지 않아서인가? 이도 저도 아니라면 한국 사람은 원래 영어를 잘하기 어려운 것인가?

영어를 배우는 것은 결코 어렵지 않다. 한국 사람이 영어를 어려워하는 것은 가르치는 사람 잘못이 매우 크다. 한마디로 쉬운 영어를 어렵게 가르치고 있다. 다시 말하면 영어 교수법이 잘못 되었다는 이야기다.

쉬운 영어란 영어 고유의 리듬에 맞추어 가르치고 배우는 영어를 말한다. 반면에 어려운 영어는 영어 고유의 리듬을 무시하고 교습하는 영어를 가리킨다. 영어는 강약의 리듬이 있고 한국어는 장단의 리듬이 있기 때문에 두 언어 간에는 큰 차이가 있다. 한국인은 한국어 리듬에 익숙해져 있기 때문에, 영어 고유의 리듬에 주의를 기울이지 않으면 영어가 한국어의 리듬을 타면서 학습될 것은 빤한 이치다. 이는 마치 트롯 가요를 랩 풍으로 부르는 거나 마찬가지다.

우리 영어 교육 현장에서 이 리듬의 중요성은 아무리 강조해도 부족할 것이다. 영어의 리듬이 중시될 때 영어 학습은 순풍에 돛 단 듯이 진척될 수 있다. 그렇게 외우기 힘들던 단어가 술술 생각나고, 엄두도 내지 못했던 문장 암기가 저절로 되는 즐거움이 뒤따를 것이다. 이것이 바로 '리듬 영어, 쉬운 영어'의 마법이다. 바야흐로 우리 영어 교육의 틀은 전면적인 변화를 요구받고 있다.

내 나이는 적지 않은 편이다. 내년이면 50이 되니 이제 중년을 넘어섰다고 볼 수 있다. 지방 중소 도시에서 자란 나는 중학교 1학년 때에 영어를 처음으로 접했고, 그저 학교에서 가르치는 영어 공부에 충실했으며 사교육은 엄두도 못 냈고, 30대 중반이 되어서야 외국에 처음 나갔다.

영어 공부는 책(교과서, 참고서와 사전)이 전부였으며 컴퓨터는 고사하고 CD도, 테이프도 없었다. TV 보급도 거의 안 되던 때여서 매체라면 라디오가 전부이던 때였다. 어쩌다 극장에 가서 미국 영화를 보면 그것이 원어민 영어 듣기의 전부였다. 평상시에는 오로지 책과 씨름하면서 영어 공부를 해냈다.

길거리에 나가도 외국인은 눈을 씻고 찾아봐도 볼 수 없었다. 물론 내가 살던 곳이 중소 도시이기 때문이기도 했겠지만, 서울도 사정은 별반 다르지 않았으리라. 미국 사람을 만나려면 인근 도시의 미군 부대 주변을 어슬렁거려야만 마주칠 수 있을 때였다. 요즘같이 주변 어디에서든 어렵지 않게 외국인을 마주치는 것과는 아주 딴판이다.

상황이 이러했음에도 나는 평생 영어에서 자신감을 잃어본 적이 없다. 중·고등학생 시절의 영어 성적은 항상 앞에서 달렸고, 군 입대 후 KATUSA에 배속된 뒤에는 미군 통역을 도맡아서 했다. 대학 졸업 후에는 국내 영자지에서 영문으로 글을 쓰기 시작했고, 이윽고 LA Times 및 세계 각국의 언론 매체에 영어로 글을 썼다. 증권 관련 기관에서 근무할 때는 Korea Fund의 자문역으로서 투자 자료를 영문으로 작성해서 외국인 투자가들이 한국에 투자할 수 있도록 길잡이 노릇을 했다. 그리고 미국 연수 기간은 내가 현지인들과 소통하는 데 전혀 지장이 없을 뿐 아니라 그들보다 훨씬 고급한 영어를 쓰고 있다는 사실을 확인하는 과정에 불과했다.

나의 영어 학습을 되짚어 보면 일정 단계를 밟아 왔다고 할 수 있다. 학창 시절에는 독해, KUTUSA 시절에는 듣기 및 말하기, 그리고 영문 기자 시절에는 쓰기에 집중했다. 독해를 위해서는 문법과 어휘가 필수적이며, 듣기 및 말하기를 하려면 문장 암기가 꼭 필요하다. 쓰기를 하기 위해서는 문법, 어휘 및 문장 암기가 반드시 필요할 뿐만 아니라 쓸 거리를 어떻게 배열할 것인지, 다시 말하면 어떻게 논지를 전개할 것인지를 위한 논리적 사고가 추가된다.

그런데 나의 이런 학습 과정이 우리나라의 영어 교육 과정의 변천과 거의 같은 것은 우연의 일치일까? 우리나라 영어는 그 동안 몇 번의 변화를 맞았다. 처음의 독해reading에서 듣기listening로, 현재는 말하기speaking 및 쓰기writing로 그 무게 중심이 옮겨가고 있는 듯하다.

언어학자 및 생리학자들에 의하면 언어의 습득은 어릴수록 좋으며, 특히 12세 이전의 모국어 환경이 유리하다고 한다. 그러나 내가 영어를 처음으로 배운 것은 13세(한국 나이 14세)였고 그것도 모국어 환경이 아닌 외국어 환경에서 배웠다. 학교 영어 선생님 외에 나에게 영어를 가르쳐 준 사람은 없었고, 영어에 관한 한 나는 혼자였다.

물론 나에게도 한 번의 행운은 있었다. 중학교에 입학하여 1학년 첫 영어 시간이 되었는데 영어 선생님이 웬 미모의 미국인 여자를 데리고 왔다. 영어 시간에 우리를 가르칠 보조 선생님이라고 소개했다. 평화 봉사단Peace Corps의 일원으로서 우리 학교에 파견되었던 미국 여대생이었다(이는 미국 정부가 미국 대학생을 상대로 자원 봉사자를 모집하여 후진국에 일정 기간 파견하는 프로그램의 일환이다).

당시 우리 학교는 가톨릭 계통의 학교였기 때문에 직접 미국인과 대화할 흔치 않은 기회가 주어졌던 것 같다. 6개월 정도의 짧은 기간이었지만 그 미국인과의 인연이 나의 영어 공부에 큰 자극을 주었던 것 같다. 그녀가 말하는 영어 억양이나 발음이 외국인인 나에게는 한마디로 신선한 충격이었다. 지금 돌이켜 생각해보면 이 짧은 시간에 나는 영어 리듬을 완전히 익혔던 것 같다. 이 때 익혔던 리듬 영어가 내 영어를 평생 좌우하지 않았나 하는 생각이 든다.

그러나 이 원어민과의 만남이 나의 영어에 자극을 줄 뿐이었지 지속적인 가르침을 준 것은 아니었다. 이 원어민이 떠나면서 더 이상 원어민과 말할 기회가 없어졌지만, 나는 영구히 원어민과 대화하는 기술을 터득했다. 원어민과 살지 않고서 어떻게 영구히 원어민과 대화할 수 있을까? 그것은 내 안에 잠들어 있는 원어민을 깨우는 것이다.

나는 내 안에 있는 원어민과 대화함으로써 영어의 감각을 놓치지 않고 매우 높은 영어의 경지까지 올라갈 수 있었다. 그러면 우리 모두의 안에 잠들어 있는 원어민을 어떻게 깨울 것인가?

이러한 문제에 대해 내가 가르쳤던 학생들 그리고 올해 대학생이 된 내 딸 소윤이와 함께 몇 차례에 걸쳐 깊이 있는 대화를 나눴다. 그리고 그들의 고민을 해결하는 과정에서 이 책은 탄생했다.

02

리듬은 영어의 모든 것

리듬은 영어의 모든 것

리듬을 알면 영어가 들린다

미국인을 만나서 영어 교과서를 손에 들고 또박또박한 발음으로 읽는다면 아마 그는 알아듣지 못할 것이다. 우리말은 강약도 없고 고저도 거의 없다. 열 받은 사람 말고는 그냥 똑같은 억양으로 이야기하면 알아듣는다.

그러나 영어는 다르다. 강약이 뚜렷해서 이것을 게을리 하면 아무리 말해야 못 알아듣는다. 내가 리듬을 강조하는 이유가 여기에 있다.

다음 문장들을 액센트의 위치에 초점을 맞추어 읽어 보자. 어느 문장이 가장 시간이 오래 걸리겠는가?

1. Birds eat worms.
  √ √ √

2. The birds eat worms.
   √ √ √

3. The birds eat the worms.
   √ √   √

4. The birds will eat the worms.
   √   √   √

5. The birds will have eaten the worms.
   √   √   √

전체 음절수가 가장 많기 때문에 대부분 5번 문장이 가장 오래 걸린다고 대답할 것이다. 우리말은 모든 음절을 동일하게 발음하기 때문에 5번 문장을 발음하는 데 걸리는 시간이 1번 문장을 발음하는 데 걸리는 시간보다 훨씬 길게 걸린다.

그러나 영어는 1번 문장과 5번 문장을 발음하는 데 걸리는 시간이 거의 비슷하다. 이것은 같은 리듬군에 속하는 birds와 the birds, eat와 will have eaten, 그리고 worms와 the worms를 같은 시간 내에 발음하기 때문이다.

위 문장에서 액센트가 있는 부분을 강하게 발음하고, 기타 부분은 약하게 발음하면서 문장을 읽어보면 제법 영어다운 리듬이 느껴질 것이다.

내가 학원에서 영어 리듬에 대해 강의를 할 때 학생들이 가장 의아해하는 부분이 이 부분이다.

"선생님, 어떻게 긴 문장과 짧은 문장이 모두 읽는 시간이 같습니까? 이해가 잘 안 가는데요?"

강세의 변화가 거의 없는 우리말과는 달리 영어는 강세 음절과 비강세 음절이 규칙적으로 반복되어 일정한 리듬rhythm을 갖는다. 이러한 영어를 '강세 박자 언어stress-timed language'라고 한다. '강세 박자 언어'에서는 강세를 받는 음절이 일정한 시간 간격을 두고 반복된다. 따라서 영어에서 한 문장을 발음하는 데 걸리는 시간은 전체 음절수가 아니라 강세를 받는 음절수에 의해서 결정된다. 한편 한국어의 리듬은 '음절 박자 언어 syllable-timed language'이다. '음절 박자 언어'에서는 모든 음절이 비슷한 길이로 발음된다. 따라서 한 문장을 발음하는 데 걸리는 시간이 전체 음절수에 의해 결정된다. 이 차이를 이해하지 못하면 영어를 제대로 들을 수도, 말할 수도 없다.

예를 또 하나 들어 보자. 다음 두 문장 중 어느 문장이 시간이 더 걸리겠는가?

1. I am glad to see you.

2. Glad to see you.

언뜻 1번 문장이 더 길어서 시간도 더 걸릴 것 같지만 두 문장은 강세를 받는 음절이 모두 2개이기 때문에 발음하는 데 걸리는 시간은 거의 같다. 즉, I am을 생략한 2번 문장이 생략하지 않은 1번 문장과 거의 같은 시간으로 읽힌다. 이 경우에 I am은 I'm으로 축약되어 소리 난다.

아직도 못 미더우면 glad와 see에 강세를 주고 다시 한 번 발음해 보라. 만약 glad와 see에 강세를 제대로 주지 않으면 자연히 1번 문장을 발음하는 데 걸리는 시간이 더 길어지게 된다.

리듬은 운율처럼 일정한 패턴이 반복되는 것을 말한다. 해가 뜨고 지는 것, 계절이 바뀌는 것, 시계추의 왕복 운동 등이 리듬이다. 우리 몸에서 일어나는 심장의 박동, 호흡 및 걸음걸이 등도 리듬이라 할 수 있다.

그런데 이 리듬은 언어를 익히는 데 더 없이 중요하다. 얼마 전 뉴질랜드에 사는 교포 소녀가 10개 국어를 능수능란하게 한다는 이야기가 국내 언론을 통해 전해졌다. 그처럼 교포 소녀가 외국어를 잘 할 수 있었던 것은 언어의 리듬을 빠르게 습득했기 때문이라 할 수 있다. 어느 나라 말이든지 고유의 리듬이 있다. 그 리듬을 습득하면 그 언어의 절반은 터득했다고 할 수 있다.

앞에서 본 바와 같이 영어에는 강약의 리듬이 있다. 즉, 강약강약강약…… 이 계속 반복되고 있다. 우리가 흔히 말하는 액센트는 바로 이 '강'에 주어지는 것이다. 우리말에는 기본적으로 미미하지만 수평적인 장단의 리듬이 있고, 중국어와 동부 지방의 일부 방언은 고저 리듬이 존재하지만 영어의 리듬과는 사뭇 다르다. 따라서 한국 사람이 영어를 어렵게 생각하는 것은 일차적으로는 이 리듬의 차이에서 온다고 할 수 있다.

아무리 간단한 영어 문장이라도 강약의 리듬을 살리지 못하면 상대방이 알아듣지 못한다. 반면에 강약만 잘 살린다면 나머지는 좀 적당히 해도 대화가 통한다. 예를 들어 미국 영화에서 교육을 제대로 받지 못한 흑인이 알아듣지 못할 발음으로 장시간 이야기하는데도 대화가 충분히 진행되는 것을 보면 그 점을 느낄 수 있다.

연습을 한 번 더 해보자.

A

        √   √   √
1. Boys like girls.

          √   √   √
2. The boys like girls.

            √   √   √
3. The boys like the girls.

            √   √   √
4. The boys will like the girls.

B

            √   √
1. It's nice to meet you.

        √   √
2. Nice to meet you.

일반적으로 강약의 리듬이 뚜렷한 영어에 나타나는 특징은 다음과
같다.

1. 강세 음절은 강조하여 말하고 강세 음절과 비강세 음절이 규칙적으로 반복된다.
2. 비강세 음절은 애매모음 [ə]로 약화되고 음절의 길이가 짧게 발음된다(애매모음은 단어 강세의 장에서 다시 설명한다).
3. 비강세 음절은 빠르게 발음해야 하기 때문에 단어 사이의 연음, 축약 및 탈락과 같은 음운 변화가 일어난다.

우리나라 사람들은 이러한 영어 리듬의 특징에 익숙하지 못해 영어의 모든 음절에 똑같은 강세를 주며, 강세 모음과 비강세 모음의 음절을 모두 동일한 길이로 말하는 경향이 있다. 이에 따라 중요한 정보와 중요하지 않은 정보를 전하는 단어가 구별되지 않게 되어 말하기에 어려움을 겪는다. 따라서 듣기와 말하기 능력을 향상시키기 위하여 초기 단계부터 영어의 강약 리듬을 익히는 것이 중요하다. 강세의 위치에 따라 단어의 발음은 다양한 변신을 하고 그만큼 발음하기가 어려워진다.

내 딸 소윤이는 대학 신입생이다. 대학 졸업을 위해 TOEIC 점수를 잘 받아야 하기 때문에 영어 공부에 열심이다. 소윤이하고 대화를 하다 보면 영어를 어떻게 가르쳐야 하는지를 암시 받을 때가 많다.

소윤이도 발음 때문에 무지하게 애를 먹은 적이 있다.

"영어 발음이 어려워서 그러는데, 혹시 우리말이 영어 발음에 장애가 되는 것은 아닌가요?"

"선천적인 신체 구조 등으로 인해 개인 간에 다소 차이가 있지만 우리 말의 특성 때문에 한국 사람은 영어를 발음하는 데 다른 어느 나라 사람보다 훨씬 유리하단다. 다만 한 가지 주의해야 할 것은 영어에는 자음이 연속되어 소리가 나는 경우가 많은데, 영어에는 'ㅡ' 모음이 없기 때문에 'ㅡ' 발음을 하면 안 되고, 만일 'ㅡ' 발음을 하게 되면 영어의 고유 리듬이 깨지고 한국어와 같은 리듬을 갖게 된다는 점을 명심해야 한다."

"자음만으로 발음한다는 것이 얼른 잘 이해가 안 되는데요."

"우리말이 영어 발음에 장애가 되는 대표적인 예라 할 수 있겠다. 우리말은 반드시 자음과 모음이 결합되는 형태를 띠지만 영어는 모음 없이 자음이 연속되는 경우가 많다. 자음도 고유한 소리값이 있기 때문이다. 그런데 우리말 식으로 발음하면 자음 다음에는 반드시 모음이 결합되어야 하기 때문에 자음 뒤에 'ㅡ' 모음을 넣어 소리내기 쉽다. 예를 들면 'strike'를 '스트라이크'로 발음할 경우에 원래 1음절인 영어를 5음절로 발음하게 된다. 이렇게 발음하면 원어민은 무슨 말을 하는지 전혀 못 알아듣는다."

하지만 이런 정도는 약과라 할 수 있다. 일본 사람은 일본어의 특성 때문에 영어를 발음하는 데 상당한 어려움을 겪는다. 예를 들어 햄버거의 대명사 맥도날드를 일본어로 표기하면 '마구도나루도'라고 해야 한다. 일본어는 우선 받침이 거의 없다. 그래서 우리 표기의 '맥도'를 '마구도'로 표기해야 하는 불편함이 있는 것이다. 우리말의 경우는 세종대왕 덕분에 몇 가지 자음을 제외하면 모든 발음을 영어 발음과 유사하게 표시할 수 있는데, 이는 세계화 시대에 외국어를 배워야 하는 우리로서는 행운이라 할 수 있겠다.

그런 점에서 우리나라 사람은 누구나 다 영어를 잘 할 수 있는 소질을 이미 타고 났다고 볼 수 있다. 그런데도 어렵게 느껴지는 것은 영어의 특성인 리듬을 제대로 이해하지 못하기 때문이다. 가장 중요한 것은 발음 그 자체보다는 발음에서 생기는 영어의 리듬이다. 이 리듬을 제대로 이해하는 것이야말로 영어를 정복하는 지름길이다.

그렇다면 발음이 좀 좋지 않더라도 리듬만 잘 살리면 영어를 잘 할 수 있는 것인가? 그렇다. 반기문 UN 사무총장도 그리 세련되지 못한 발음이지만 유창한 영어를 구사하고 있다. 또 일전에 '말하는 개'가 미국에서 화제가 된 적이 있었다. 한 미망인이 돌보는 그 개는 'I love you.'라는 말을 하는데 들으면 꼭 진짜 말하는 것 같이 들린다. 그런데 사실은 세 개의 단어를 각각 정확하게 발음한다기보다는 'love'에 강세를 주어 'I love you.'라는 표현의 리듬을 정확하게 살리고 있기 때문에 마치 진짜 말하는 것처럼 들리는 것이다.

이처럼 영어로 의사소통을 할 때 각각의 단어를 개별적으로 이해하기보다는 전체적인 리듬으로 상대방의 말을 이해하는 것이 일반적이다. 그리고 이 리듬은 단어 암기뿐만이 아니라 문장 암기에도 효율적으로 이용될 수 있다. 궁극적으로는 문장 암기를 통해서 영어의 말하기ㆍ듣기ㆍ읽기ㆍ쓰기가 이루어지는 것을 감안하면 리듬감을 익히는 것이야말로 영어의 핵심을 익히는 것이다.

영어 리듬 연습

다음 문장들을 모두 같은 시간에 읽는 연습을 해보자. 비강세 단어는 가능한 한 작고 낮은 소리로 발음하고, 강세 단어는 높고 큰 소리로 발음한다. 그리고 높낮이에 따라 리듬을 타면서 문장을 읽는 연습을 한다. 특히 강약의 리듬이 매우 뚜렷한 뉴욕 길거리 흑인들의 대화를 연상하면서 연습을 하면 더 효과가 좋을 것이다.

A

1. Cats catch rats.

2. The cats catch the rats.

3. The cats will catch the rats.

4. The cats will have caught the rats.

B

1. People love children.

2. The people will love the children.

3. The people have been loving the children.

4. The people could've been loving the children.

리듬 영어의 출발-단어 강세

"세계에서 가장 긴 영어 단어가 무엇인지 아는 학생?"

"smiles."

"6자 밖에 안 되는데 왜 가장 길지?"

"s와 s사이에 1마일이 있으니까……"

"그것은 넌센스 퀴즈이고 정말 가장 긴 단어는 'floccinaucinihilipilification'이다. 재물 등을 경시하고 무가치하게 여긴다는 뜻으로, 접두사 및 접미사 등을 붙여 늘린 단어나 학술 용어를 제외하면 가장 긴 단어다. 여기에는 12개의 음절이 들어 있는데 자세한 발음은 인터넷 사전에서 한 번 들어보기 바란다. 액센트의 강약만 제대로 발음하면 이 긴 단어도 원어민이 알아듣는 데 전혀 문제가 없다. 단어를 외울 때 사전을 찾아서 액센트의 위치를 확인하는 것이 무엇보다 중요하다. 알았지!"

70년대 영어를 처음 배울 때만 해도 교재라고는 책밖에 없었기 때문에 단어를 정확히 발음하기란 힘든 일이었다. 당시 유일한 기준은 사전의 단어 옆에 적혀 있는 발음기호였다. 요즈음은 발음기호를 외우지 않고 그냥 단어만 외우는 학생들이 많은데, 그러면 갈수록 회화에서 멀어지기 때문에 매우 위험한 방식이다.

매번 사전을 찾는 일이 번거롭기는 하지만 발음 기호와 강세 위치를 확인한 뒤 큰 소리로 여러 번 읽으면서 단어를 외워야 한다. 과거에는 말하기와 듣기를 무시하더라도 필기시험만 잘 보면 되기 때문에 사실 발음기호를 모두 외울 필요는 없었다. 그러나 현재의 영어 공부는 말하기와 듣기를 빼고는 생각할 수조차 없다. 아니 과거에 비해 말하기와 듣기가 더 강조되는 분위기다.

요즈음에 더욱 행운인 것은 인터넷 사전에서 발음을 바로 들을 수 있다는 사실이다. 전자사전의 경우도 원어민의 정확한 발음이 흘러나온다. 게다가 각종 영어로 된 미디어가 얼마나 많은지를 생각을 해보면 영어가 안 되는 이유는 대부분 여건의 부족이 아니라 노력의 부족에 있다고 볼 수밖에 없다.

"자. 소윤아! 'water'를 한 번 발음해 보아라. water라는 단어를 분석해 보면 크게 두 가지 중요한 점을 발견할 수 있단다."

"워-터."

"그래, 워-터 맞았다."

"워-러라고도 하던데요."

"워-러도 맞다."

"그러면 도대체 어떻게 발음해야 하죠? 워-터입니까? 워-러입니까?"

"워-터는 영국식 발음이다. 영국식 영어를 퀸즈 잉글리시라고 하는데 발음을 또박또박하는 것이 미국식 영어와의 차이점이다. 이런 영국식 발음을 미국인들이 못 알아듣는 것은 결코 아니다. 그러나 미국식 영어가 세계 공통으로 쓰이기 때문에 미국식에 따르자는 것이지."

"그러면 미국식으로는 워-러가 맞아요?"

"그렇다. 미국식 영어는 액센트와 리듬을 강조한다. 따라서 액센트나 강한 어조가 있는 부분은 상대적으로 강하고 길게 발음하고 그렇지 않은 부분은 매우 약하고 짧게 발음한다. 그래서 미국식 영어로는 워-러가 정답이라 할 수 있다."

리듬을 위한 단어의 강세 매김에는 일정한 원칙이 있다. 2음절 이상의 단어에는 한 개 이상의 음절에 반드시 강세가 주어지고 강약의 리듬이 적용된다. 예컨대 2음절인 water의 경우에는 wa에 강세가 있다. 3음절인 **remember**는 mem에 강세가 있어서 전체적으로는 약-강-약의 리듬을 갖는다. 이렇게 강약의 리듬을 갖는 것은 그렇게 하는 것이 가장 발음하기 편하기 때문이라 할 수 있다. 3음절 모두를 강하게 발음하기는 힘든 일이다. 이것은 마치 수영 선수가 '음파음파'를 연속해야만 수영을 할 수 있고 '파파파파'로는 계속 수영할 수가 없는 것과 마찬가지다.

단어의 액센트 위치까지 확인하고 외우려면 보통 노력 가지고는 안 된다. 이 점에서 많은 학생들이 힘들어 한다.

"어떤 때는 강세가 앞에 있고, 어떤 때는 뒤에 있어 일일이 다 외워야 되는데……"

"영어는 우리말과 달리 한 단어가 명사로 쓰일 수도 있고, 동사로 쓰일 수도 형용사로 쓰일 수도 있다. 어찌 보면 매우 편리한 말이라 할 수 있다. 그런데 명사로 쓰일 때와 동사로 쓰일 때를 구분하기 위해서 2음절 이상의 단어일 경우에는 강세 위치를 바꾸는 것이 일반적이다. 예컨대 **contract**(명사로는 '계약'이고 동사로는 '계약하다'는 뜻)는 명사로 쓰일 때는 con에 강세를 주고, 동사로 쓰일 때는 tract에 강세를 준다. 이는 형태가 같은 단어를 그 쓰임새에 따라 구별하기 위함이라 할 수 있다. 일반적으로 강세가 명사는 앞에, 동사는 뒤에 있는 '명전동후'의 원칙이 적용되고 있다."

대체로 두 음절로 된 명사의 경우 약 90%가 첫음절에 강세가 온다. 명사일 경우에는 첫 음절을 강하게 발음하면 거의 맞는다고 볼 수 있다.

한편 두 음절로 된 동사의 경우에는 60% 이상이 두 번째 음절에 강세가 온다.

이밖에도 영어 단어에는 많은 파생어가 있다. 그런데 이런 파생어는 기본 단어와는 다른 강세를 보인다. 즉, 파생어에 따라 강세가 이동하는데 이런 변화가 영어 학습자를 아주 괴롭히고 있다.

우선 다음 단어의 올바른 액센트 위치를 맞추어 보라.
'photograph'
첫 음절에 주강세가 오고 마지막에 보조 강세가 온다.

그렇다면 'photographer'는?
두 번째 음절에 강세가 온다.

이어서 'photographic'은?
첫 음절에 보조 강세, 주강세는 세 번째 음절.

마지막으로 'photography'는?
두 번째 음절에 강세가 온다.

강세가 오는 음절은 [æ], [ɑ], [ou] 등으로 발음되는데, 강세가 오지 않는 음절은 어떻게 발음될까? 약세 음절은 애매 모음schwa으로 발음된다. 애매 모음이란 문자 그대로 애매한 소리를 내는 대표적인 모음으로서 [i] 와 [ə], 그 중에서도 특히 [ə]를 가리킨다. 즉, 약세 음절은 주로 [ə]로 발음된다.

위 단어 'photograph'는 [fóutəgræf]로, 'photographer'는 [fətágrə fər]로, 'photographic'은 [fòutəgrǽfic]으로, 'photography'는 [fətá grəfi]로 각각 발음된다. 'photograph'의 경우 제1음절과 제3음절은 강세 음절이기 때문에 [ou]와 [æ]로 각각 발음되었고, 제2음절은 약세 음절이어서 [ə]로 발음되었다. 하지만 'photographer'에서는 반대로 제2음절이 강세 음절이어서 [ɑ]로 발음되고 나머지는 모두 약세 음절이어서 [ə]로 발음되었다. 전자의 강세 음절의 소리였던 [ou]와 [æ]가 후자에서는 약세 음절로 변하면서 애매 모음인 [ə]로 바뀌어 버린 것이다.

단어에 강세를 주는 것이 어려운 듯하지만, 대원칙은 강약의 리듬을 갖게 하는 것이다. 이밖에도 몇 가지 부수적인 규칙이 있는데, 이 규칙을 따로 암기하기보다는 단어를 자주 사용하여 자연스럽게 몸에 배게 하는 것이 좋다. 이 모든 것은 근본적으로는 단어를 발음하기 편하게 하기 위한 것이라는 걸 잊지 말자.

원어민도 자신들이 잘 쓰지 않는 다소 길고 생소한 단어를 발견하면, 강세의 위치를 바꿔가면서 여러 번 발음하여 가장 편한 발음으로 발음해 버린다. 사전의 발음 기호가 두 개 이상 표기된 것은 두 그룹의 사람 중 한 그룹은 A 방식의 발음이 편하고, 다른 그룹은 B 방식의 발음이 편하여 그렇게 쓰고 있다는 것을 의미한다.

강세를 제대로 매기지 못하면 의사소통이 안 될 수 있다. 우선 영어 고유의 리듬이 깨지기 때문에 전체 문장을 이해하지 못할 뿐만 아니라 개별 단어의 뜻에도 혼란을 초래하기 때문에 완전히 뒤죽박죽이 돼버릴 수 있다.

다시 한 번 강조하지만 가장 좋은 학습 방법은 원어민의 발음을 들으면서 단어를 외우는 것이다. 요즈음은 인터넷 사전이 활성화돼서 단어 익히기가 매우 편리해졌다. 필요한 단어를 인터넷 사전에서 체크하여 원어민이 녹음해 놓은 발음을 들으면 좋다. 반복 듣기도 가능하니 여러 번 들은 뒤 큰 소리로 발음을 해보면 발음 문제는 완전히 해결된다 할 수 있을 것이다.

오래 전에 한국인 한 명이 뉴욕에 사는 형을 만나기 위해 미국을 방문했다. 이 사람은 뉴욕의 존 에프 케네디 국제공항에 내려 형한테 전화를 걸었다. 그러자 형은 "지금 내가 바빠서 공항에 데리러 갈 수 없으니까 공항버스 정류장에서 '개그린' 버스를 타고 종점까지 오면 된다"고 가르쳐줬다.

동생은 공항 버스정류장을 찾아가 한참을 기다렸으나 우선 개그린이란 말이 처음 듣는 단어여서 어떤 버스를 타야 할지 몰랐다. 그래서 짧은 영어로 미국인한테 물었다. "Do you know gegrin bus?" 이 말을 들은 미국인은 고개를 갸우뚱하면서 "I'm afraid I don't know."라고 대답했다.

동생은 그때 학교에서 '영어는 액센트가 중요하다'라고 배운 사실을 기억해 냈다. 그래서 다른 미국인한테 이번에는 액센트를 넣어서 물어 봤다. "Do you know gégrin bus?" 이번에도 미국인은 모른다고 했다. 혹시 액센트가 가운데 있지 않을까 해서 다른 사람에게 이렇게 물었다. "Do you know gegrín bus?" 이번에도 아니었다. 그렇다면 마지막으로 액센트를 끝에 두고 발음해 보았으나 결과는 마찬가지였다. 그렇게 많은 시간이 흘렀다. 그런데 저쪽에서 버스가 한 대 다가오는데 자세히 보니 차체에 개가 그려져 있는 것이 아닌가? "아하! 영어 '개그린'이 아니라 한국어 '개그림'이었구나." 미국 고속버스 회사 그레이하운드는 차체에 그레이하운드라는 사냥개의 모습을 그려 넣은 것으로 유명하다.

이 이야기는 영어 액센트의 중요성을 강조할 때 우스갯소리로 하는 에피소드다. 즉, 영어에서 액센트를 잘 가려야 한다는 것을 상기시켜 주는 이야기다.

● 명전동후(名前動後)

명사	동사
√ insult	√ insult
√ overflow	√ overflow
√ increase	√ increase
√ content	√ content

● 기타 세부 규칙

1) 동사의 강세 부여 규칙

두 음절로 된 동사의 마지막 음절이 다음 (a)의 경우처럼 모음으로 끝나거나 (b)의 경우처럼 두개 이상의 자음으로 끝나는 경우에는 마지막 음절에 강세가 온다.

(a) agree delay exclude cajole invite
(각 단어 위에 √ 표시)

(b) attract consist depend exempt reverse
(각 단어 위에 √ 표시)

세 음절 이상의 동사가 마지막 음절이 두 개의 자음으로 끝나는 경우에는 끝에서 세 번째 음절에 강세가 온다.

manifest supplement compliment

2) 명사의 강세 부여 규칙

명사의 강세 부여 규칙에서 제일 먼저 고려해야 할 사항은 음절수이다.

명사가 두 음절로 된 경우에는 끝나는 자음 수에 관계없이 끝에서 두 번째 음절에 강세가 온다.

(a) statute promise textile membrane

(b) cavern insult ticket focus

명사가 세 음절 이상이면서 마지막 음절이 장모음(또는 이중모음)일 경우에는 끝에서 세 번째 음절에 강세가 온다.

appetite institute anecdote porcupine

3) 복합어 강세

다음으로 단어 강세에서 중요한 것은 복합어 강세다

다행히 복합어 강세는 매우 규칙적이다. 복합어 강세는 첫 번째 요소에 주강세를 주고 두 번째 요소에 보조강세를 준다. 다음의 예에서 확인해 보자.

(a) 명사+동사 :

$\sqrt{}$　　$\sqrt{}$　　$\sqrt{}$
sunrise daybreak headache

(b) 동사+명사 :

$\sqrt{}$　　$\sqrt{}$　　$\sqrt{}$
crybaby hangman flashlight

(c) 명사+명사 :

$\sqrt{}$　　$\sqrt{}$　　$\sqrt{}$
airport postman schoolboy

4) 접미사에 따른 강세 부여 규칙

(a) -tion/ -sion은 직전 음절

　　$\sqrt{}$　　$\sqrt{}$
international extension

(b) -ity는 직전 음절

$\sqrt{}$　　$\sqrt{}$　　　$\sqrt{}$
ability activity responsibility

(c) −ic(al)은 직전 음절

√   √   √

scientific historical economical

(d) −ian/ −ial은 직전 음절

√   √   √

librarian utilitarian memorial

(e) −ee/ −eer/ −ese 는 그 음절

√   √   √

employee profiteer Chinese

(f) −ate/ −fy/ −ize/ −ise는 끝에서 세 번째 음절

√   √   √   √   √

congratulate justify intensify civilize supervise

(g) −y(−graphy/−logy/−metry/−nomy)는 끝에서 세 번째 음절

√   √   √   √   √

biography biology geography geometry economy

5) 접두사와 접미사에 따른 강세 변화

√   √   √

(a) photograph photography photographic

(b) able enable unable ability inability

(c) just unjust justice justify justification justifiable

justifiability

강약 리듬이 단어에만 적용되는 것은 아니다. 구절과 문장에도 적용된다.

　'bread and butter'를 발음해 보자. '브레드앤드버터'라고 발음하면 영어가 아니라 한국어라 할 수 있다. 'bread and butter'는 영어로는 4음절이지만 앞에서와 같이 발음하면 7음절이 된다. '브레든버러'와 같이 발음하고 'bread'와 'but'에 강세를 주어야만 한다. 그러면 전체적으로 '강약강약'의 리듬이 생기게 된다. 다시 한 번 말하지만 영어에는 '—' 모음이 없기 때문에 '—' 발음을 하면 안 되고, 만일 '—' 발음을 하게 되면 영어의 고유 리듬이 깨지고 한국어처럼 된다는 점을 명심해야 한다.

　이번에는 'This is the house that Jack has built.'라는 문장을 보자. 'This,' 'house,' 'Jack' 및 'built'에 강세를 주고 나머지는 약하게 발음하여 '강약강약강약강'의 리듬을 갖게 된다. 만일 이 문장에서 단어를 또렷하게 발음하더라도 강약의 리듬을 주지 않으면 마치 한국어처럼 들려 원어민이 못 알아듣게 된다. 요컨대 영어는 강약이 파도처럼 밀려오는 언어라 할 수 있다. 이처럼 리듬은 영어에 생명을 주는 활력소다.

　단어 강세에 이어 문장 강세로 이어지자 영어의 발음은 무척 어려운 경지로 빠져드는 느낌이 든다. 소윤이가 갸우뚱하면서 물었다.

　"그러면 어떤 단어를 강하게 발음하고, 어떤 단어를 약하게 발음하나요? 특별히 구별법이 있나요?"

　"그렇다. 영어 문장을 발음할 때 문장을 구성하는 모든 단어를 다 강하게 발음하는 것이 아니라 일정한 단어만을 강하게 발음한다. 예를 들면 'I'll see you on Monday.'의 경우 see와 Monday가 강세를 받는다. 이러한 문장 강세의 일반 원칙들을 살펴보자."

첫째, 내용어(정보를 전달하는 단어)는 문장 강세를 받고, 기능어(문법적
관계를 표시하는 단어)는 문장 강세를 받지 않는다. 문장의 예에서 보자.

Mary has some books.

What are you doing?

What do you think of the weather?

위의 예에서 짐작할 수 있듯이 문장에서 주요한 의미를 지니는 단어
들, 즉 명사, 본동사, 형용사, 부사, 의문사, 지시사 등에는 강세가 주어
지고, 의미는 거의 지니고 있지 않고 문장에서 문법 관계를 나타내기 위
해 사용되는 단어들인 관사, 조동사, be 동사, 전치사 등은 강세가 주어
지지 않는다. 이를 정리하면 다음과 같다(한정사는, 대명사로도 쓰이지만 명
사가 있을 때 명사를 수식하는 형용사로 기능이 바뀌는 단어와 관사를 아울러 일
컫는다).

명사		The **noise** of the **train** in the **tunnel** was deafening.
대명사	지시	**That**'s what I told you.
	소유	I didn't know **his** was there.
	부정(주어)	**Somebody** must have lost it.
	의문	**Who**'s coming?
한정사	지시	**That** coat's very nice.
	부정	There's **no** doubt about that.
	수량	There are a **few** small ones.
	의문	**Which** route did they come by?
형용사		This **narrow** valley was the scene of a **famous** battle.
본동사		Don't **forget** your homework.
조동사	부정형	He **doesn't** like them.
부 사	방법	I can do that **easily**.
	장소	Tell him to come **in**.
	시간	I shall see him **tonight**.
	빈도	It's **usually** hotter than this.
감탄사		**Oh**.

대명사	인칭	They didn't give *me* one.
	재귀	I've just cut *myself*.
	상호	I heard them speaking to *each other*.
	부정(목적)	I've seen *someone* about it.
	관계	This is the girl *who* typed the letter.
한정사	소유	I saw *your* daughter and *her* husband yesterday.
	관계	Is that the man *whose* daughter plays the cello?
	관사	Is *the* book on *the* table *a* good one?
	미량	Has she brought *any* sugar?
조동사	긍정문	She *is* waiting for you.
부 사	정도	It's *about* a mile from here.
	관계	That's the reason *why* I don't like him.
전치사		What are they looking *for*?
접속사	등위	*Both* he *and* I are ready.
	종속	I propose *that* we should wait for him.

둘째, 한 문장 내에서 내용어가 2개 이상일 경우 대체로 문장 끝에서 가장 가까운 위치에 있는 내용어에 주강세가 오고, 나머지 내용어에는 보조 강세가 온다. 주강세가 주어지는 부분은 반드시 가장 큰 강세를 동반한다. (주강세는 ━, 보조 강세는 ■로 표시)

(a) Susan bought a sweater at Wal Mart.

(b) She gave him a present for me.

문장 (a)에서 Susan, bought, sweater, Wal Mart는 내용어이므로 문장 강세를 받는다. 그리고 Wal Mart는 문장에서 제일 마지막에 오는 내용어이므로 주강세를 받게 된다. 문장 (b)는 주강세가 문장의 제일 마지막에 오지 않는 경우를 보여준다. (b)에서 me는 문장에서 제일 마지막에 오기는 하지만 기능어이기 때문에 문장 강세를 받지 못하고 같은 이유로 for도 문장 강세를 받지 못한다. 따라서 문장 강세를 받는 내용어인 gave, present 가운데 제일 마지막 내용어인 present가 주요 문장 강세를 받게 된다.

한편 내용어도 2음절 이상으로 이루어져 있으면 단어 강세 부여 규칙에 따라 강약이 부여된다. (a)의 Susan, sweater, Wal Mart는 각각 Su, sweat, Wal에 강세가 온다. (b)에서는 present의 pres에 강세가 부여된다.

'예외 없는 규칙은 없다.'

이 말이 영어에서처럼 잘 들어맞는 경우도 없을 것이다. 아무래도 영어에는 원칙보다는 예외가 더 많은 것 같다. 다음에 예외적인 경우를 살펴보자.

1) 특정 요소의 강조

화자가 특정 요소를 강조하려 할 때에는 그 단어가 주강세를 받게 된다. 즉 말하는 사람이 전달하려는 정보의 중요성 비중에 따라 문장 강세 위치가 달라질 수 있으므로 듣는 사람은 이러한 주요 정보에 초점을 두어 잘 듣는 것이 중요하다.

(a) Mary told him all the secrets.

(비밀의 일부가 아니라 전부였다.)

(b) Mary told him all the secrets.

(나나 네가 아니라 그에게 말했다.)

(c) Mary told him all the secrets.

(힌트를 주거나 암시한 것이 아니라 말하였다.)

(d) Mary told him all the secrets.

(비밀을 말한 사람은 Betty나 Vivian이 아니라 Mary였다.)

2) 대조되는 단어

문장 안에서 서로 대조가 되는 단어에도 주강세가 온다.

I'd like to read that book, not this book.

3) 복합 명사(명사 + 명사)

복합 명사의 경우에는 앞 단어에만 강세를 주는 것이 일반적이다.

You can buy the stamps at the post office.

4) 형용사 + 명사

둘 중 명사가 더 중요한 내용어이기 때문에 명사에 강세를 주는 것이 일반적이다.

Look at the white house on the hill.
(the white house: 하얀 집)

하지만 the White House(백악관)는 White에 강세를 준다.

Look at the White House on the hill.

한편 형용사가 장모음을 포함할 때는 형용사에 강세를 주는 경향이
있다.

He kept me waiting for a long time.

5) 강세 한정사 + 명사

강세가 부여되는 한정사(this, that, no, few, all 등)에 (대)명사가 이어
질 때는 한정사에 강세를 주는 것이 일반적이다.

This book is interesting.

I have no house to live in.

6) 부사 + 형용사[부사]

이 경우에는 앞의 부사에 강세를 주는 것이 일반적이다.

That coat is very nice.

Thank you so much.

7) 2어 동사(동사 + 부사)

일반적으로 동사에 강세를 주지만 2어 동사의 경우에는 뒤의 부사에 강세를 주는 것이 보통이다. 이 때 부사는 in, on, off, up 등의 전치사로도 쓰이는 부사, 즉 전치사적 부사를 가리킨다.

Please come in and take off your coat.

하지만 목적어로 대명사를 사용할 경우에는 동사+목적어+부사의 어순이 되며 동사에도 강세를 준다.

Please come in and take it off.

8) 2음절 전치사 · 접속사

전치사와 접속사는 원래 강세를 주지 않지만 about, around, before, after, although, because 등의 2음절로 이루어진 전치사와 접속사는 강세를 주는 것이 일반적이다.

Tell me about it.

9) 인칭 대명사

인칭대명사 I, you, he, she, it 등은 강세를 주지 않는 것이 일반적이나 yes/no 의문문의 주어인 경우, 그리고 한 문장 속에서 대조되는 경우에는 강세를 준다.

Are you a student? No, I'm not.

He is younger than she is.

10) be, do, have 동사

be, do, have 동사는 조동사로서 뿐만 아니라 본동사로 쓰일 때도 강세를 주지 않는 것이 일반적이나 문장의 끝에 오거나 부가의문문에 쓰일 때, 또 isn't, don't와 같이 부정 축약형으로 쓰일 때는 강세를 준다. 또한 have가 사역동사로 쓰일 때도 강세를 준다.

Are you Korean? Yes, I am.

You don't have money, do you?

She had her picture taken at the photo shop.

이상과 같은 예외가 언뜻 보면 복잡한 듯하지만 기본 원칙은 의미를 분명히 전달하면서 문장의 리듬을 살려 발음하기 편하고 듣기 좋게 하기 위한 것이라는 걸 잊지 말자.

문장 강세 연습

A 다음 문장들을 강세를 넣어 읽어보자.

Jane is a girl.

The book is interesting.

I made a mistake.

How do I get to the Central Park from here?

B 강세 부여의 예외에 주의하면서 다음 문장을 읽어보자.

I' ll take a school bus.

The shuttle bus will take you to the airport.

Good morning!

Please turn off the radio.

Please turn it off.

Don't despise a man just because he is poor.

Could you tell me how to get to the city hall?

Are you Chinese? Yes, I am.

But, he isn't Chinese, is he?

He is younger than I, but I am stronger than he.

영어공부, 딱 30문장으로 끝낸다

운은 금상첨화

조선 건국 직전 이성계의 아들 이방원이 고려의 충신 정몽주를 떠보기 위해 시조 한 수를 읊고 정몽주가 여기에 답가를 한 것은 모두가 아는 사실이다.

'이런들 어떠하리 저런들 어떠하리. 만수산 드렁칡이 얽혀진들 어떠하리. 우리도 이같이 얽혀 천년만년 살고지고'로 끝나는 이방원의 〈하여가〉는 구전되다가 한글 창제 이후 비로소 문자화된 것이다. 〈하여가〉의 종장 중 '천년만년 살고지고'는 우리말의 전형적인 운율rhythm과 운rhyme을 보여주는 것이다.

운율과 운이란 바로 말을 오래 보존하기 위해 담는 형식이라고 할 수 있다. 옛날 문자가 발명되기 이전에도 말이 있었는데, 후세에 전하기 위해서는 이것을 담을 특별한 그릇이 필요했다. 이 그릇이 바로 운율과 운이라 할 수 있다. 여기에 담긴 말은 오랫동안 입에서 입으로 전해지다가 문자가 생기면서 비로소 글로 정착된 것이다. 우리말은 영어와 달리 음절 박자 언어라는 것은 이미 말한 바 있다.

소윤이가 알 듯 모를 듯 물었다.
"영어에도 운이 있나요?"
"물론이지. 'No pain, no gain.'이라는 속담을 예로 들어보자. 같은 소리가 반복이 되는데 'p'와 'g'라는 자음 하나만이 다를 뿐이다. 운 때문에 이 표현은 한번 들으면 쉽게 잊혀지지 않는다."
"아, 그렇군요. 소리의 반복 때문에 쉽게 기억이 되네요."
"또 다른 속담인 'A friend in need is a friend indeed.'도 운이

들어가 있단다. 'in need'와 'indeed'도 자음 하나만 차이가 날 뿐이다. 이렇게 속담은 문자화되지 않고 입에서 입으로 전해지는 말이기 때문에 대부분 운이 들어 있다."

운은 영어를 쉽게 외울 수 있는 도구다. 우선 운이 존재하는 문장을 외우는 것이 영어 공부하는 데 있어서 크게 도움이 된다. 잘 외워지지 않는 문장은 이 운이 없거나 완전하지 못하기 때문이라고 할 수 있다. **'Where there is a will, there is a way.'**와 **'A whale is no more a fish than a horse is.'** 의 두 문장 중 어느 쪽이 더 외우기 쉬울까? 'Where there is a will, there is a way.'가 훨씬 쉽다. 두어 번 큰 소리로 읽으면 외울 수 있다. 운과 리듬이 함께 있기 때문이다. 영어를 공부할 때는 이러한 문장을 먼저 암기하는 것이 좋다.

속담이나 격언은 모두 외우는 것이 문장력 향상뿐만 아니라 영어의 운과 리듬 감각을 향상시키는 데 크게 도움이 된다.

운은 단어 암기에도 도움이 되는가?

그렇다. 'drain'이라는 단어를 예로 들어보자. 이 단어를 그냥 외우려면 여간 힘들지 않다. 한번 외워도 잊어버리기 쉽다. 그러나 'brain'이라는 단어를 앞에 첨가하여 '두뇌 유출'이라는 뜻을 가진 **'brain drain'**이라고 외우면 쉽다. 이 때 중요한 것은 뜻을 새기면서 소리를 내야 한다는 점이다. 즉, 시각 이미지와 청각 이미지를 동시에 사용해야 암기 효과가 크다. 이보다 조금 더 어려운 snug, bug 및 rug라는 단어를 각각 외우려 하면 무척 어렵지만, 운율을 살리고 강약의 리듬을 넣어서 **'as snúg as a búg in a rúg'**로 외우면 쉽게 암기가 된다. '양탄자 안에 있는 벌레처럼 편안한'이라는 시각적 이미지를 떠올리면서 외워보자.

힙합이나 랩에서 볼 수 있듯이 운이 널리 쓰이고 잘 발달된 언어가 영
어다. 각종 안내문이나 경고문의 문구도 운을 맞춰 놓았다.

No Jesus, No Peace.
Know Jesus, Know Peace.
(예수를 모르면 평화 없고 예수를 알면 평화를 안다.)

이 문장은 주로 기독교 신자들이 차 뒷유리에 붙이고 다니는 스티커
다. 완벽한 운이다.

Fed bears are dead bears.
(곰에게 먹이를 주면 죽은 곰이 된다.)

미국 서부의 요세미티 국립공원에는 곰 출현을 알림과 함께 이들에게
먹이를 주지 말라는 경고 표지판이 위와 같이 서 있는데 완벽한 운이 담
겨 있다. 야생 곰들이 늘 인간들이 집어주는 먹이를 먹게 된다면 사냥할
생각을 안 하게 되고, 결국은 사냥할 수 있는 능력을 상실하게 되어 죽음
을 맞이하게 된다는 뜻이다.

우리나라에서도 지리산을 등반하노라면 곳곳에 반달곰 출몰 지역을
알림과 함께 먹이를 주지 말라는 표지판이 있다. 몇 년 전, 사육한 곰을
야생 곰으로 만들기 위해 지리산에 몇 마리를 방사했는데 그것들이 아직
야생에 적응을 못해 등산로에 자주 나타나서 사람에게 먹이를 구걸한다

는 것이다. 요즈음엔 지리산에도 외국인이 많이 다니기 때문에 영어 표지판으로 위와 같이 쓰면 더할 나위 없이 좋을 것 같다.

Dennis the Menace / Mickey Mouse
(개구쟁이 데니스)　　　　(미키 마우스)

〈개구쟁이 데니스〉는 1993년에 개봉된 가족용 코미디 영화로 데니스 밋첼이라는 5살짜리 꼬마를 주인공으로 그의 애견 그리고 언제나 당하기만 하는 이웃집 아저씨가 벌이는 한바탕 소동을 그렸는데, 이 제목에도 운이 들어가 있다.

또한 월트 디즈니사의 캐릭터로 전 세계인의 사랑을 받고 있는 귀여운 생쥐가 미키 마우스인 것도 결코 우연이 아니다. 사람들에게 쉽게 기억될 수 있도록 마우스Mouse와 두운이 맞는 미키Mickey로 이름을 지은 것이다.

운 연습

두운: 두음의 운 존재
a. Care killed the cat.
b. with might and main
c. threatening throngs
d. now or never
e. as busy as a bee
f. as cool as a cucumber

각운: 말음의 운 존재

a. No pain, no gain.

b. Out of sight, out of mind.

c. shepherd and leopard

d. wear and tear

e. near and dear

f. rain or shine

g. publish or perish

h. as snug as a bug in a rug

i. Dennis the Menace

연어: 연속되는 단어로서 주로 의성어 · 의태어 표현에 쓰임.

a. brain drain

b. dingle-dangle

c. rumble-tumble

d. tittle-tattle

e. hip-hop

f. flip-flop

음운 법칙을 알아야 올바른 발음이 가능하다

사전을 보고 액센트를 확인한 후 단어를 외우라고 앞에서 강조했지만, 사전의 발음기호만으로는 충분하지 않은 경우가 많다. 발음 습관이나 연음 때문에 사전의 발음기호하고는 다른 발음을 하는 경우가 종종 있다. 이것은 소윤이가 내게 그 중요성을 상기시켜 준 것이다.

"영화를 보면 발음기호와 다르게 발음하는 것을 종종 경험하게 되는데요."

"좋은 지적이다. 영어 단어를 발음하다 보면 사전에 나온 발음 기호대로 발음되지 않는 경우가 가끔 있단다. 예컨대 water, daddy 등이 그것이다. 사전을 보면 **water**는 [wɔːtər]이지만 '워-러'로 발음하고 **daddy**는 [dædi]이지만 '대리'로 발음된다. 이는 강약의 리듬을 자연스럽게 만들기 위해 약세음절의 t와 d 발음이 부드러운 r 비슷한 발음으로 변하기 때문이다. 또 강세모음은 사전의 장음표기와 관계없이 길게 발음되는 경향이 있다. 발음기호와 달리 발음되는 경우는 단어와 단어를 이어서 발음하는 연음에서도 발생하지."

내가 중학교 1학년 때 처음으로 영어를 배우면서 당시 원어민이 발음하는 것을 듣고 상당한 충격을 받은 적이 있다. 중1 영어 교과서 제2과로 기억되는데, 평서문 '**That is a desk.**'에 이어서 의문문 '**Is that a desk?**'를 발음했다. 나는 '이스 대터 데스크?'로 발음할 것으로 생각했는데 원어민 선생님은 '이스 대러 데ㅅㅋ?'로 발음했었다. '데ㅅㅋ'는 그렇다 치더라도 'that a'에 'r'이 없는데 왜 '대터'가 아닌 '대러'로 발음하는지 도저히 이해할 수 없었다. 나중에 비로소 이것이 발음을 원활하게 하기 위한 영어의 음운현상인 것을 알게 되었다.

발음을 원활히 하기 위한 음운 법칙은 영어뿐만 아니라 모든 나라 말에 다 있다. 우리말에도 자음접변, 연음법칙, 구개음화, 모음 충돌 회피와 같은 음운 법칙이 있다. '신라'를 '실라'로 발음하는 자음접변, '눈이 부시네'를 '누니 부시네'로 발음하는 연음법칙, '굳이'를 '구지'로 발음하는 구개음화, 사람 이름을 부를 때 '길동아'라고는 하지만 '철수아'라고 하지 않고 '철수야'라고 부르는 모음충돌 회피가 바로 그것이다.

영어에서도 'know' 'knowledge' 등의 'k', 'often' 'listen' 등의 't'는 묵음이 된다. 또 'a apple'이라고 하지 않고 'an apple'이라고 하는 모음 충돌 회피 현상은 어법상의 표준화된 음운 법칙이다.

반면에 'I want a book.'을 '아이 와너 북'이라 하는 't'의 생략, 'I want you.'를 '아이 완츄'로 하는 't'의 구개음화, 'Would you please open the door?'의 'Would you'를 '우쥬'라고 발음하는 'd'의 구개음화 등은 표준화되지 않은 음운 법칙이라고 할 수 있다. 표준화되지 않았다는 의미는 많은 사람이 그렇게 발음하고는 있지만 일부 사람은 표준 발음기호대로 한다는 의미이다. 그러나 많은 사람이 이렇게 발음하기 때문에 이 경향을 반드시 알아두어야 한다.

음운 법칙은 특히 미국식 영어에서 철저히 지켜지는 것 같다. 그래서 미국식 영어로 배운 사람들이 영국 영어를 듣고는 전혀 못 알아듣겠다고 호소해 오는 경우가 많다. 미국인과 영국인은 서로의 말을 전혀 어려움 없이 알아듣지만 우리의 경우는 미국 영어에 가까스로 귀가 트였는데 난데없이 영국 영어를 들으면 무슨 말인지 하나도 몰라 한숨을 쉬게 된다.

"같은 영어라도 영국식 영어와 미국식 영어 사이에는 많은 차이가 있는 것 같던데요?"

"물론이지. 우리나라와 같은 좁은 나라에서도 각 지방마다 말이 조금씩 다르지 않니? 영어를 모국어로 하는 나라라 하더라도 영국, 미국, 캐나다, 호주, 뉴질랜드 영어가 각각 다르단다. 단어 발음상의 차이도 있지만 대체로 영국 영어는 딱딱한 반면에 미국 영어는 상대적으로 부드러운 느낌을 준다. 앞에서 말한 'Is that a desk?'도 영국에서는 일반적으로 '이스 대터 데ㅅㅋ?'로 발음한단다. 미국식 발음보다는 더 딱딱하고 리듬이 강하지만 영어 본래의 음운을 살린다고 할 수 있지."

"우리 영어는 미국식 영어에 치우치는 편 아닌가요?"

"그것은 어쩔 수 없단다. 미국이 세계 최강대국으로 떠오르면서 영국보다는 미국과의 교류가 활발해짐에 따라 영어도 영국 영어보다는 미국 영어를 더 선호하고 배우는 것이 현실이다. 하지만 미국식이든 영국식이든 근본적인 차이는 없단다. 영어의 기본적인 특성을 이해하고 그 리듬을 완전히 습득하면 어떤 영어든 자유자재로 구사할 수 있다."

음운 현상 연습

't'의 약화
a. water/butter/party
b. water pollution
c. bread and butter
d. Is that a desk?

e. What a pretty girl she is!

'd' 의 약화

a. daddy/paddy

b. Mummy and Daddy

c. rice paddy

구개음화

a. tree / truck / triangle

b. draw / drive / dragon

c. I want you to do that.

d. Would you please open the door?

모음 충돌 회피

a. an apple / an egg / an orange

b. It was such a lovely day that I went out for a walk.

c. It was so lovely (a day) that I went out for a walk.

d. How delicious the food is!

e. What a delicious food it is!

☞ such+a+형용사+명사, so+형용사+(a+명사)의 어순이 되는 것, 그리고 감탄
문에서의 how와 what 다음의 어순도 모음 충돌 회피로 볼 수 있음.

영어가 서쪽으로 간 까닭은?

우리가 교과서로 삼고 있는 미국 영어는 알다시피 영국 영어가 대서양을 건너가 변화한 것이다. 언제 건너가 어떻게 변했는지를 살펴보자.

영어가 아메리카 대륙에 처음 도착한 것은 크리스토퍼 콜럼버스가 아메리카 대륙을 발견한 지 1백여 년이 지난 1607년이었다. 최초의 영국 이민자들이 배를 타고 대서양을 건너 지금 워싱턴 D.C. 밑에 위치한 버지니아 주의 제임스 타운(James Town)에 도착한 것이다. 이때는 소규모 정착민이 이주해 왔고, 우리가 잘 아는 메이플라워호를 시발점으로 청교도들이 종교의 자유를 찾아 대규모로 이주하게 된 것은 조금 늦은 1620년부터다. 메이플라워호가 처음 도착한 곳은 보스턴 맞은편의 케이프 코드(Cape Cod)라는 곳이고 이곳에 건설한 정착촌이 플리머스(Plymouth)라는 곳이다.

애니메이션 영화로 우리나라에서도 개봉돼 인기를 끈 〈포카혼타스(Pocahontas)〉는 이 제임스 타운에서 일어났던 일을 소재로 한 것이다. 제임스 타운 정착민들은 당시만 해도 수적으로 소수인 자신들을 위협하는 인디언들이 공포의 대상이었다. 따라서 생명을 위협하는 인디언과의 관계 개선이 무엇보다 필요했고, 그래서 나온 아이디어가 정략결혼이었다. 백인 대표는 존 롤프(John Rolfe), 인디언 대표는 포카혼타스였다. 롤프는 인디언들이 재배하던 담배의 경작술을 전수받아 담배 재배에 성공한 최초의 백인으로 기록된 인물이며, 그 덕에 돈도 많이 벌었다. 포카혼타스는 제임스 타운을 위협하던 인디언 부족의 추장 포와탄의 딸이었다.

포카혼타스는 1616년 영국의 초청을 받고 건너가 영국 왕실의 극진한 환대를 받았다. 그러나 영국에서 천연두에 옮아 여행 도중 사망했다. 마치 그 이후에 전개될 인디언들의 비참한 역사를 예고하는 듯한 죽음이었다.

　　미국 영어를 영국 영어로부터 독립시켜 차별화한 것은 웹스터(Webster) 사전 편찬자로 유명한 노아 웹스터(Noah Webster)에 의해서다. 웹스터는 1828년 미국식 영어사전인 〈American Dictionary of the English Language〉 2권을 펴냈다. 웹스터가 이 사전을 편집하면서 가장 강조한 것이 미국인이 쓰는 영어였다.

　　그래서 프랑스어의 잔재가 남아있던 'theatre'(극장), 'centre'(중앙) 등의 표기를 'theater', 'center' 등으로 바꿨다. 또 'colour'는 'color', 'mum'은 'mom'으로 바꿔서 미국화했다. 영국 영어에서는 사장된 고어 'fall'(가을)을 살려내 널리 쓰게 했으며, 'plough'(경작) 같이 복잡한 표기는 'plow'로 단순화했다. 이밖에도 영국 영어와 미국 영어의 다른 점을 표로 정리하면 다음과 같다.

우리말	미국식	영국식	우리말	미국식	영국식
안 테 나	antenna	aerial	기 입 하 다	fill out	fill in
아 파 트	apartment	flat	고 속 도 로	freeway	motorway
유 모 차	baby carriage	pram	쓰 레 기	garbage	rubbish
짐	baggage	luggage	휘 발 유	gasoline, gas	petrol
화 장 실	bathroom, restroom	toilet, lavatory	엔진 덮개	hood	bonnet
펑 크	flat	puncture	등 유	kerosene	paraffin
택 시	cab	taxi	줄	line	queue
전화하다	call	ring	팬티스타킹	panti-hose	tights
사 탕	candy	sweets	객 차	railway car	railway carriage
계 산 서	check	bill	왕 복	round trip	return
옷 장	closet	wardrobe	스카치테이프	Scotch tape	sellotape

우리말	미국식	영국식	우리말	미국식	영국식
비 스 킷	cookie	biscuit	학 기	semester	term
기 저 귀	diaper	nappy	인도, 보도	sidewalk	pavement
커 튼	drapes	curtains	중 학 생	student	pupil
승 강 기	elevator	lift	지 하 철	subway	underground
기 관 사	engineer	engine driver	트 럭	truck	lorry
지 우 개	eraser	rubber	차 트렁크	trunk	boot
가 을	fall	autumn	휴 가	vacation	holiday
수도꼭지	faucet	tap	정 원	yard	garden

미국인 의도	영국에서 대응 표현	영국인 의도	미국에서 대응 표현
a bill (지폐)	a note	a bill (계산서)	a check
the first floor (1층)	the ground floor	the first floor (2층)	the second floor
pants (바지)	trousers	pants (바지 속옷)	underpants
potato chips (감자칩)	potato crisps	potato chips (감자튀김)	French fries
purse (핸드백)	a handbag	purse (지갑)	a wallet
subway (지하철)	an underground railway	subway (지하도)	an underpass
vest (조끼)	a waistcoat	vest (러닝셔츠)	an undershirt
wash up (세수하다)	wash your hands	wash up (설거지하다)	wash the dishes

네 박자 영어

우리말은 전 세계 어느 나라 언어보다 '싱글벙글' '알록달록' '울긋불긋' 등과 같은 의성어·의태어가 잘 발달돼 있다. 그런데 의성어·의태어는 한 번 들으면 쉽게 잊혀지지 않는 특성을 가지고 있다. 그것은 운과 리듬이 있기 때문이다.

대개 4자 성어로 된 우리말 의성어·의태어는 명확한 운과 리듬이 있기 때문에 오래도록 기억되고 자주 사용된다. 그런데 우리말 의성어·의태어뿐만 아니라 한자어인 고사성어도 거의 4자 성어로 이루어져 있다. 의성어·의태어와 고사성어가 거의 4자 성어로 되어 있다는 것은 4자로 표현하는 것이 가장 효과적인 소리의 전달 수단이라는 의미이다. 사람의 고유 리듬과 일치하기 때문인 듯하다.

영어도 사람이 하는 말이므로 마찬가지다. 앞에서 말한 'No pain, no gain.'을 보면 강약강약의 네 박자 리듬을 가지고 있다는 것을 알 수 있다. 또 'A friend in need is a friend in deed.'를 보면 약강약강약강약강의 여덟 박자이지만, 네 박자가 두 번 반복되었다고 볼 수 있기 때문에 기본은 네 박자로 볼 수 있다(영어는 강약 단위로 박자를 센다는 것을 상기하자). 뿐만 아니라 영어의 동사 표현도 거의 이 네 박자에 맞춰져 있다.

"소윤아! '너에게 다시 전화할게'를 영어로는 어떻게 말하지?"

"I'll call you back."

" '나중에 전화할게'는?"

"I'll call you later."

"그러면 그냥 '전화할게'는 어떻게 하니?"

"back이나 later를 빼고 그냥 'I'll call you.'로 하면 되잖아요?"

"그런데 그게 그렇게 간단한 문제가 아니란다. 세 문장을 차례차례 다시 한 번 발음해 보거라."

"'I'll call you back.' 'I'll call you later.' 'I'll call you.'"

"세 문장을 발음할 때 좀 이상한 점을 못 느끼겠니?"

"'I'll call you.'가 약간 어색한데요."

"바로 보았다. 'I'll call you.'는 문법상으로는 완전한 문장이지만 리듬 상으로 불완전한 문장이다. 약강약의 세 박자밖에 나오지 않기 때문이다. 따라서 보통 대화를 할 때는 'I'll call you.' 다음에 'up'을 붙여서 **'I'll call you up.'**이라 한다. 비로소 약강약강의 네 박자가 되어 훨씬 듣기 좋을 것이다. 이 때 'up'은 아무런 뜻이 없단다."

모든 표현이 이 네 박자에 가깝게 되어 있다. 일상 대화에서 흔히 쓰이는 2어 동사(two-word verb)는 거의 이 네 박자에 맞추어져 있다. 예컨대 'I'll cancel it.' 대신 **'I'll call it off.'**를, 'I'll surrender it.' 대신 **'I'll give it up.'**을, 'He postponed it.' 대신 **'He put it off.'**를, 'She rejected it.' 대신 **'She turned it down.'**을 사용한다. 물론 글을 쓸 때는 리듬이 덜 중요시되기 때문에 앞에 열거한 표현으로도 많이 쓴다.

이러한 리듬은 문법에도 반영이 된다. 'I'll take off my coat.'는 되지만 'I'll take off it.'는 안 된다. 'I'll take off my coat.'는 약강약강의 네 박자이지만 'I'll take off it.'는 약강약의 세 박자밖에 나오지 않는다. 대명사 'it'에는 강세를 줄 수가 없기 때문이다. 따라서 이것을 **'I'll take it off.'**로 표현하는데 그러면 비로소 약강약강의 네 박자 리듬이 생기게 되어 훨씬 리드미컬한 표현이 된다.

영어의 거의 모든 것이 리듬과 관계가 있다. 따라서 리듬은 영어의 생명이라 할 수 있다. 이 리듬을 제대로 이해하지 못하고는 영어의 정복은 요원하다고 할 수 있다. 그 동안 우리나라 사람들이 많은 시간과 노력을 들였음에도 불구하고 영어 구사 능력이 신통치 않았던 것은 바로 이 리듬에 대한 이해 부족이 가장 큰 원인이라고 할 수 있다.

네 박자 리듬 연습

네 박자 리듬 연습
a. I' ll call you up.
b. I called it off.
c. He gave it up.
d. He put it off.
e. She turned it down.
f. She turned it on.
g. He took it off.
h. He put it on.

리듬 있는 문장 연습
〈속담〉
- No pain, no gain. / No cross, no crown. / No mill, no meal.
- Out of sight, out of mind. / Soon ripe, soon rotten.

- Like father, like son. / Like master, like man.
- Many a little makes a mickle. / Haste makes waste.
- A friend in need is a friend indeed.
- Who holds the purse rules the house.
- Where there is a will, there is a way.
- He laughs best who laughs last.
- After a storm comes a calm.

〈표어 · 격언〉

- Once a marine, always a marine.
- It is true that health is above wealth.
- Early to bed and early to rise makes a man healthy, wealthy and wise.
- We killed Caesar. Not that we love Caesar less, but that we love Rome more.

❸ 영어이야기

〈하인리히 슐리만(Heinrich Schliemann)〉

슐리만은 외국어를 습득할 때 '통암기법'을 사용했다.
트로이의 유적을 발견한 독일의 고고학자 슐리만은 어학도 천재였다.
14세 때 사환으로 고용된 그는 업무시간 틈틈이 공부를 해 15개 국어를 완전히 자기 것으로 만들었다. 그의 학습법은 '통암기법' 그 자체였다. 그는 이렇게 말했다.

"나는 엄청난 열의를 가지고 영어 학습에 전념했는데, 그때의 절박한 상황에서 모든 언어를 쉽게 익힐 수 있는 한 가지 방법을 발견했다. 그 방법이란 다음과 같다.

• 대단히 많이 음독하는 것 • 결코 번역하지 않는 것 • 매일 1시간씩 할애하는 것 • 항상 흥미 있는 대상에 대해서 작문을 하고 이것을 교사의 지도를 받아 수정하는 것 • 전날 수정된 것을 암기하고 다음 시간에 암송하는 것 등이다."

슐리만은 영국 교회에 다니면서 설교를 경청하고, 그 한마디 한마디를 나지막히 따라 했다. 심부름할 때는 반드시 책을 가지고 다니면서 암기했다. 그는 골드 스미스의 〈웨이크필드의 목사(The Vicar of Wakefield)〉와 월터 스콧의 〈아이반호(Ivanhoe)〉를 전부 암기했다.

그렇게 해서 6개월 만에 영어를 마스터하고, 다음 6개월 만에 〈텔레마크의 모험〉과 〈폴과 비르지니〉를 암송해서 프랑스어를 마스터했다. 이런 방법을 통해 기억력이 강화되자 네덜란드어, 스페인어, 이탈리아어, 포르투갈어를 유창하게 쓰거나 말하는 데 6주 이상을 필요로 하지 않았다.

슐리만은 어릴 때부터 "언젠가는 그리스어를 배울 수 있는 행복을 저에게 주시옵소서"라고 신에게 기도했다. 그것은 34세에 실현됐다. 그는 그리스어로 된 〈폴과 비르지니〉를 암기함으로써 현대 그리스어를 6개월 만에 마스터한 것이다. 또 고대 그리스어를 공부한 지 3개월 만에 〈호메로스〉를 읽을 수 있게 됐다.

그는 "학교에서의 공부 방법은 완전히 잘못 됐다"면서 이렇게 말했다.

"그리스어 문법의 기초적 지식은 단지 실천에 의해서만, 즉 고전 산문을 주의 깊게 읽는 것, 그 중에서 범례를 암기함으로써만 내 것으로 만들 수 있었다. 따라서 귀중한 시간의 단 한 순간도 문법의 규칙을 공부하기 위해서는 쓰지 않았다."

"나는 어떤 문법 규칙이 문법책에 쓰여 있는지, 안 쓰여 있는지 알지 못해도, 그 모든 규칙을 알고 있다. 그리고 누군가가 내 그리스어 문장에서 실수를 발견했다고 말한다면, 나는 언제라도 그 표현방법이 정확하다는 증거를, 내가 사용한 표현의 출처를 그에게 암송해 보임으로써 제시할 수 있다"라고 말했다. 그의 말만큼 어학 학습에 있어서 '통암기법'의 진수를 보여주는 것은 없다.

슐리만은 미케네 문명과 트로이 문명의 발견자로 역사상 이름을 남겼다. 1822년 북독일 메클렌부르크 노이부코에서 가난한 목사의 아들로 태어나 호메로스의 서사시를 진실로 믿고 자랐으며 트로이전쟁의 유적지를 발굴, 확인하는 것이 꿈이었다. 1864년 러시아로 이주해 장사를 해서 거부가 되자, 1866년 파리로 다시 거처를 옮겼다. 그 후 고대사 연구에 착수했고, 1868년 이타카섬과 트로이를 답사했다. 1870~1873년 아나톨리아 히사를리크 언덕의 대규모 발굴 작업을 통해 그것이 트로이 유적이라는 것을 증명함으로써 전 세계에 충격을 주었다. 당시에는 상인으로 보낸 시기가 길어 참다운 고고학자로 인정받지 못하였으나, 지금은 그리스 선사고고학(先史考古學)의 시조로 추앙받고 있다. 그의 발굴품은 아테네 · 베를린 · 이스탄불 등지의 박물관에 소장돼 있다. 주요 저서로는 〈고대 트로이〉(1874), 〈미케네〉(1878), 〈일리오스〉(1881), 〈오르코메 노스〉(1881), 〈티린스〉(1886) 등과 자서전 〈고대에의 정열〉등을 남겼다.

'3사'가 영어 문법의 핵심이다

'3사'가 영어 문법의 핵심이다

03

3사 어법

학생들이 다시 한 번 좌절하는 곳이 문법 부분이다. 너무 복잡해서 어렵다는 것이다. 그러나 사실 알고 보면 영어 문법처럼 논리 정연하고 합리적인 것도 없다. 대체로 보면 한국어 문법이 훨씬 더 어렵고 까다롭다.

이 어려운 문법이 도대체 왜 필요한 것인가?

도로교통법에 대해 생각해 보자. 이 법은 차는 우측으로, 사람은 좌측으로 다니도록 규정해 놓고 있다. 자동차끼리 충돌하거나 자동차와 사람이 충돌해서 사고가 나는 것을 방지하기 위한 것이다.

마찬가지로 어법과 문법도 서로 의사소통을 하는 데 혼란을 주지 않도록 하기 위해 생겨난 것이라 할 수 있다. 그런데 영어는 이미 수백 년 동안 전 세계 곳곳에서 사용하면서 의미상의 혼란을 주거나 문제가 생길

소지가 있는 것을 모두 바로잡아 놓아서 논리가 정연한 편에 속한다. 따라서 그 원리만 알면 오히려 영어 문법은 매우 간단하다고 할 수 있다.

영어 문법이 필요한 이유는 크게 두 가지로 나눌 수 있는데, 첫 번째가 방금 이야기한 의미상의 혼란 방지다. 또 다른 이유는 발음상의 편의다. 발음상의 편의성이 문법에 반영돼 있다는 사실을 아는 사람은 그리 많지 않다. 그러나 편의성 부분은 영어문법에서 꽤나 큰 비중을 차지하고 있으며 전체적으로 보면 의미상의 혼란 방지와 발음상의 편의의 비중이 거의 반반이라고 할 수 있다.

발음상 편의성이 문법에 반영됐다는 부분에 대해서는 소윤이도 전혀 이해하지 못했다.

"문법에서 발음상의 편의성이 반영돼 있다는 사실은 처음 듣는 것 같은데 예를 좀 들어서 설명해 주세요."

"그래, 'You are to blame.'이란 문장을 보자. 문법상으로는 수동태인 'You are to be blamed.'가 맞다. 하지만 이 문장을 한 번 발음해 보아라. 굉장히 발음하기 어려울 것이다. 따라서 관용적으로 'You are to blame.'을 쓰고 있다. 또 'My shoes need mending.'은 수동태인 'My shoes need being mended.'가 문법상으로는 올바른 표현이지만 발음하기가 너무 어렵기 때문에 능동태 문장을 관용적으로 쓰고 있다. 하지만 부정사를 사용하면 'My shoes need to be mended.'로 발음상 전혀 문제가 없다. 따라서 부정사로 표현할 때는 수동태로 써야지 능동태로 쓰면 문법상 틀리게 된다."

"그러면 'My shoes need mending.'은 되지만 'My shoes need to mend.'는 안 되겠군요?"

"바로 그렇다. 그리고 문법이라는 것도 사람의 언어생활을 반영하고 있기 때문에 세월이 가면서 변화하기 마련이란다."

예를 들어 make, have, let 등의 사역 동사는 원형 부정사를 목적보어로 취한다고 알고 있을 것이다. 말을 할 때 to 부정사보다는 원형 부정사가 훨씬 발음하기 편하다는 것은 누구나 쉽게 느낄 수 있다.

그런데 최근에 help가 원형 부정사를 취할 수 있는 사역 동사의 반열에 끼게 되었다. 반면에 과거에는 bid라는 동사가 사역 동사로 쓰였지만 이제는 고어 형태로만 남아 있다. bid는 명령하다, 즉 'to order'의 의미로 과거에는 빈번하게 사용되었다. 왜냐하면 전근대 사회는 신분제 사회여서 귀족이 하인에게 명령하는 일이 일상적인 대화였기 때문이었다. 하지만 근대 사회로 넘어오면서 수평적 인간관계가 형성되어 명령하는 일은 줄어든 대신에 부탁하는 일이 빈번하게 생겼다. 이에 따라 언어에서도 그동안 to 부정사로 쓰이던 help가 새롭게 원형 부정사의 대열에 오르면서 현재는 to 부정사와 원형 부정사가 함께 사용되고 있다. 앞으로 시간이 흐르면 to가 완전히 빠지고 원형 부정사가 될 것 같다.

그것이 언어의 원리다. 그런데 교육을 덜 받은 원어민과 대화를 해 보면 모든 부정사에서 to를 생략하고 원형 부정사로 말하는 사람이 더러 있다. 물론 말하기 편리해서이겠지만 몇 개의 동사를 제외하고 이는 표준 문법에서 금지되어 있다.

"그러면 영어 문법에서 가장 중요한 것이 무엇일까요?"

"동사의 성격이라 할 수 있다. 동사의 성격에 따라서 문장이 크게는 5가지 형태로 분류될 수 있고, 작게는 30~40가지 형태로 분류될 수도 있단다. 이러한 동사의 활용이야말로 문법의 기초라 할 수 있지. 그 중에서도 나는 '3사'를 영어 문법의 핵심이라고 생각하고 있다."

"'3사'가 뭐예요?"

"'사'가 세 개라는 이야기지. 연결사, 준동사 및 조동사를 가리키는 말이다. 연결사는 접속사, 관계사, 의문사를 포함하고, 준동사는 부정사, 동명사, 분사를 포함한다. 조동사는 익히 알고 있을 거야."

"3사만 알면 영어 문법은 거의 정리되는 건가요?"

"그렇다고 할 수 있다. 다음 그림을 한 번 보자."

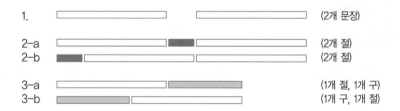

〈그림 1〉은 두 개의 문장을 나타낸 것이다. 〈그림 2-a. b〉는 두 개의 문장을 하나의 연결사(짙은 음영)를 이용하여 하나의 문장으로 만든 것이다. 문장이 하나가 되었지만 그 길이는 이전의 두 문장을 합친 것과 거의 비슷하다. 이 때 연결사는 접속사, 관계사, 의문사 중의 하나가 들어간다. 〈그림 3-a. b〉는 〈그림 1〉의 두 문장 중 한 문장은 그대로 두고 다른 한 문장을 준동사(옅은 음영)를 이용하여 줄인 것이다. 이 때 준동사는 부정사, 동명사, 분사 중 하나가 들어가고 절은 하나만 있게 된다.

"〈그림 1〉 〈그림 2-a. b〉 〈그림 3-a. b〉의 의미가 똑같다면 어느 표현을 가장 많이 쓸까?"

"세 개 표현의 의미가 똑같다면 가장 문장이 짧은 〈그림 3-a. b〉를 많이 쓰지 않을까요?"

"당연히 그렇다. 예를 하나 들어보자. '나는 무엇을 해야 할지 모른다' 또는 '나는 어찌 해야 할지 모른다'는 영어로 어떻게 표현하지?"

"I don't know……"

" 'I don't know what I should do.'라고 할 수도 있고 'I don't know what to do.'로 할 수도 있다. 회화에서 어떤 표현을 많이 쓰겠니?"

" 'I don't know what to do.'가 짧으니까 많이 쓸 것 같은데요."

"당근이지. 'I don't know what I should do.'는 연결사인 의문사절을 사용한 문장이고, 'I don't know what to do.'는 의문사절을 구로 줄인 부정사 문장이다. 같은 의미라면 짧은 표현을 선호하기 때문에 일상 회화에서는 준동사, 특히 그 중 부정사를 많이 사용한다. 따라서 이 부정사에 대해서는 확실하게 알아 두어야 한다."

문법상의 용어라도 그 개념을 정확히 이해하고 있어야만 한다. 개념이

야말로 기억의 기초이기 때문에 개념이 확실하면 오랫동안 잊지 않고 기억할 수 있다. 마치 기초 공사가 부실한 건축물은 사상누각으로 쉽게 무너지듯이 개념이 불확실한 학습은 금방 잊어버리게 된다. 그런데 우리 교과 과목에 나오는 대부분의 개념은 어려워서 이해하기가 힘들다. 그 대부분이 일본식 한자어로 이루어져 있기 때문이다. 준동사와 부정사도 꽤나 어려운 말이다.

반면에 동명사는 참 좋은 용어다. 용어를 보면 쉽게 알 수 있듯이 동명사는 동사를 명사화한 것이다. 이렇듯 개념이 쉽게 머릿속으로 들어오는 말이 좋은 용어다. 그러나 준동사와 부정사는 말 자체로는 무슨 뜻인지 알기 힘들다.

동사는 아니지만 동사의 성격을 가지고 있는 것을 준동사라고 한다. 부정사는 언뜻 들으면 긍정의 반대말처럼 들려 정말 오해하기 쉬운 용어다. 영어로는 infinitive라고 하여 '한계가 없는', 즉 '무한한'이란 뜻을 가지고 있다. 그런데 일본 사람이 이를 부정사(不定詞)라고 번역했기 때문에 오늘날까지 이렇게 쓰고 있는데, 사실은 '무한사(無限詞)'라는 용어가 훨씬 원뜻에 가깝다.

부정사, 또는 '무한사'는 쓰임새가 무한하다는 말이다. 동명사는 동사를 명사처럼 쓰는 것 한가지 쓰임새 밖에 없지만 부정사는 동사가 명사처럼 쓰일 뿐만 아니라, 형용사처럼도 쓰이고 부사처럼도 쓰이며 독립적으로도 쓰이기 때문에 그 용도에 제한이 없다. 그 변화가 무궁무진하기 때문에 영어로 대화를 하다가 말문이 막히면 우선 to를 먼저 말하고 다음에 생각해서 연결하면 대부분 맞게 되어 있다. to 부정사는 이처럼 만능 키와 같아서 전체 영어의 약 절반 정도의 비중을 차지하고 있기 때문에 반드시 정확히 이해해 두어야 한다.

물론 글을 쓸 때는 뭔가 그럴듯하게 꾸미고 싶어서 길게 쓰고자 하는 경향이 있다. 따라서 연결사 즉, 접속사, 관계사, 의문사를 이용하여 〈그림 2-a. b〉와 같이 쓰기도 하지만 문어체에서도 부정사의 비중은 결코 과소평가될 수 없다.

조동사는 미래나 추측, 가정법 같은 데 사용된다. 그런데 용어만 봐서는 그 개념이 쉽게 들어오지 않는다. 즉 불확실한 것, 주관적인 것, 감정적인 것 등을 표현하는 것이 조동사인데, 분위기를 표현하는 '무드(mood) 동사'라고 하면 훨씬 쉽게 이해될 수 있다.

이렇게 연결사, 준동사, 조동사의 '3사'만 제대로 이해하면 영어 문법은 사실상 끝난 것이나 다름없다. 다른 것은 지엽적인 것에 불과하다. 그중에서도 특히 부정사는 중요하니 반드시 숙달해야 한다.

"아빠, 그런데 문법 때문에 우리 영어 교육이 잘못되었다고 말하는 사람들이 있는 것 같은데요."

"일부 사람들이 그렇게 주장하는 것 같은데, 그것은 매우 잘못된 생각이다. 물론 과거의 영어 교육이 독해 위주의 교육이다 보니 문법을 강조한 것은 사실이지만, 문법 교육이 필요 없다고 주장하는 것은 매우 위험한 발상이다. 영어를 모국어로 배우는 사람은 물론 문법에 별로 신경 쓰지 않는다. 원어민은 모국어 환경에서 문장 표현을 자연스럽게 암기할수 있기 때문이다. 하지만, 외국어로 영어를 배우는 사람은 모든 문장을 암기하는 것이 사실상 불가능하다. 따라서 기본적인 문장만을 암기한 후이를 토대로 상황에 따라 작은 의미 단위를 적절히 조합해서 표현을 해야 하는데 이를 조합할 때 쓰는 기술이 바로 문법이란다."

또 문법은 글을 쓸 때 그 효과가 제대로 나타난다. 말의 경우 대체로 한 번 내뱉으면 흘러가 버리기 때문에 어법에 조금 어긋나도 의사소통만 되면 그만이지만, 글은 한번 써 놓으면 영원히 남기 때문에 완전해야만 한다. 이러한 글의 완전성은 바로 문법을 토대로 해서만 가능하다.

그런데 최근 인터넷 기반 TOEFL 시험에서 문법이 제외됐다. 하지만 쓰기(writing) 시험이 추가되었기 때문에 여기에서 문법 실력을 테스트 받는다. 올바른 문법 지식 없이는 결코 제대로 된 글이 나올 수 없다. 또 영어 교육에 대한 그 동안의 많은 투자에도 불구하고 영어 실력이 향상되지 않았던 것은, 문법 위주의 교육을 했기 때문이 아니라 실로 중요한 핵심적인 문법보다는 지엽적인 문법 사항에 너무 치우쳤기 때문이라고 할 수 있다. 이제 우리 문법 교육도 핵심적인 문법을 집중적으로 가르칠 필요가 있다.

리듬과 관련한 어법 연습

a. **You are to blame.**

   (← You are to be blamed.)

b. **My shoes need mending.**

   (← My shoes need being mended.)

c. **This book is worth reading.**

   (← This book is worth being read.)

d. **It is no use crying over spilt milk.**

   (← It is of no use crying over spilt milk.)

e. We walked five miles.

(← We walked for five miles.)

f. You can do it that way.

(← You can do it in that way.)

g. They are the same age.

(← They are of the same age.)

h. What time do you usually get up?

(← At what time do you usually get up?)

i. If it is sunny tomorrow, we'll go climbing.

(← If it will be sunny tomorrow, we'll go climbing.)

j. Take it off.

(cf. Take off your coat.)

k. It was such a lovely day that I went out for a walk.

(cf. It was so lovely a day that I went out for a walk.)

l. What a delicious food it is!

(cf. How delicious the food is!)

영어이야기

영어의 기원

영어는 원래 게르만어에서 독일어, 네덜란드어, 스칸디나비아어 등과
함께 파생돼 나왔다. 게르만어를 사용하던 민족이 갈라지면서 영어를 비

롯한 몇 개의 서로 다른 언어를 만들어 낸 것이다. 그러면 어떻게 해서 이 언어들은 달라지게 됐는가? 언어학자들은 대개 1천년이 지나면 사용하던 언어의 19%는 사라진다고 추정한다. 따라서 몇 천 년이 흐르면 완전히 다른 언어로 바뀌는 것이다.

그러한 현상은 북한을 보면 쉽게 이해할 수 있다. 남북이 떨어져 산 지 불과 60년 밖에 안 됐는데도 북한에는 남한에서 알지 못하는 많은 단어가 만들어졌고, 또 북한 사람이 보더라도 남한의 말에는 못 알아듣는 말이 많을 것이다.

현재의 영어는 1500년 가량의 역사를 가지고 있다. 영국 최초의 종족은 '켈트어'를 사용하는 켈트족에 속하는 '브리튼'인이었지만 5세기(449년) 로마군의 철수와 함께 북부 게르만 민족에 속하는 '앵글로 · 색슨' 종족이 원주민인 브리튼인을 추방하고 영국 본토를 지배하게 됐다. 이들이 사용했던 언어가 게르만어에 속하는 '앵글로 · 색슨어'로서 오늘날 영어의 조상이라 할 수 있는 '고대 영어'이다. 이 시대는 영어가 게르만어의 성격을 가장 강하게 풍기던 시대라고 하겠으며 문법이나 어휘면에서 외국의 영향을 받지 않은 게르만적 순수성을 지닌 시대였다고 할 수 있다.

이후 7세기에 종교적으로 로마 가톨릭을 받아들인 후 라틴어가 유입되었고, 11세기(1066년)에는 영국이 불어를 사용하는 노르망디에 의해 정복되면서, 불어가 영국의 공식 언어가 됐다. 이 시대에는 가난한 농부들은 고대 영어를, 부유한 귀족은 주로 불어를 사용했다. 따라서 많은 불어 단어가 영어로 흘러 들어왔다. 결국 영어는 여러 피가 섞인 혼혈아인 셈이다.

르네상스 시대인 1500년 이후부터 사용해온 영어를 '현대 영어'라고 하는데, 르네상스의 물결 속에 많은 라틴어와 그리스어를 도입하게 됐다. 그래서 현재 사용하는 영어 어휘의 절반 이상은 라틴어, 그리스어 및 불어 등의 외국어 계열이다.

예를 들어 보면, 농장에서 기르는 소(cow), 양(sheep), 돼지(pig), 송아지(calf) 등과 같은 가축의 이름은 게르만어에서, 식탁에 오르는 쇠고기(beef), 양고기(mutton), 돼지고기(pork), 송아지 고기(veal)와 같은 육류의 이름은 불어에서 왔다.

토박이말과 외래어의 차이는 동사에서 아주 잘 나타난다. 동사 get-obtain, give-present, teach-instruct, make-manufacture, buy-purchase 등은 각각 같은 뜻을 나타내는 한 쌍의 단어인데 왼쪽의 get, give, teach, make, buy는 게르만어에서 온 토박이말이고 오른쪽의 obtain, present, instruct, manufacture, purchase는 이에 대응하는 라틴어, 그리스어 등의 외래어다. 1음절로 이루어진 토박이말은 구어로 주로 사용되고 대개 수여 동사의 기능을 가지며 불규칙 변화를 한다. 반면에 2음절 이상으로 이루어진 외래어는 문어로 주로 사용되고 대개 수여동사로 쓰이지 못하며 규칙 변화를 보이는 것이 특색이다.

이상에서 알 수 있듯이 영어는 매우 개방적인 언어였다. 새로운 어휘가 영어에 편입되면 영국인들은 이를 환영했고, 즐겨 사용했다. 이에 반해 프랑스는 '아카데미 프랑세스'라는 언어 기구를 오래 전부터 설립해 외래어가 불어에 편입되는 것은 가급적 막았고, 그렇게 해서 불어의 순수성을 지키려고 노력했다. 이탈리아도 마찬가지였다.

결과론이지만 많은 외국어를 받아들이는 것은 그 외국의 문화를 이해하는 것이고, 그러한 폭 넓은 이해가, 옳고 그름을 떠나 영국으로 하여금 전 세계를 지배할 수 있게 해 주지 않았나 상상해 본다. 반면 프랑스와 이탈리아 같은 나라는 한 때 영화를 누렸지만 언어의 편협성 내지는 문화에 대한 편협성 때문에 자신들의 영토를 지키는 데 만족할 수밖에 없었던 것은 아닌가라는 생각을 해 본다.

2어 동사	
기본동사	전치사 · 부사
bring	in
come	out
get	on
give	off
go	up
make	down
pass	around
put	across
set	back
take	forward
turn	

문장의 다섯 형식
제1형식(I) : S+V
제2형식(II) : S+V+C
제3형식(III) : S+V+O
제4형식(IV) : S+V+O₁+O₂
제5형식(V) : S+V+O+OC

S 주어, V 동사, C 보어,
O 목적어, OC 목적보어,
O₁ 간접목적어, O₂ 직접목적어

제5형식

영어에서 가장 중요한 품사는 동사다. 동사에서 시제, 태, 법이 나오고 여기에서 부정사를 비롯한 준동사가 파생되므로 동사를 어떻게 숙달하느냐가 바로 영어 정복의 관건이다.

일상 회화에서 쓰이는 동사는 그리 많지 않은데, 기본 동사 10여 개에 전치사(또는 전치사적 부사) 10여 개 만 연결하면 일상생활에서 쓰이는 거의 모든 표현을 다 할 수 있다.

예컨대 동사 get에 in과 out, on과 off, up과 down, around와 across, over와 through 등을 붙이면 그 뜻이 엄청나게 많아져서 생활에 필요한 거의 모든 표현을 할 수 있다.

이러한 2어 동사가 그 리듬감 때문에 구어에서 많이 쓰인다는 것은 앞에서 설명했다.

영어 동사는 크게 자동사와 타동사로 분류한다. 자동사는 다시 완전 자동사와 불완전 자동사, 타동사는 완전 타동사와 불완전 타동사로 분류하는 것이 일반적이다. 또 타동사 중에서 직접 목적어와 간접 목적어를 갖는 것을 수여 동사로 따로 분류한다. 이렇게 동사를 다섯 종류로 분류하고 그 각각의 종류에 따라 문장의 패턴을 나누면 다섯 종류의 문장 패턴이 생긴다. 이것을 문장의 5형식이라고 한다.

이러한 문장 형식은 원래 영문법에 있다기보다는 우리나라 사람이 영어를 배우기 편리하도록 분류해 놓은 것이다. 물론 동사의 종류를 더욱 세분하면 30~40개의 문장 패턴도 나올 수 있다.

이 일정한 문장 패턴을 알면 영어가 훨씬 쉬워진다. 그런데 문장 패턴의 대부분은 이미 문법 및 숙어 형태로 우리가 알고 있는 것이다. 사역동사·지각동사의 목적 보어는 원형 부정사를 쓴다거나, 'A에게 B를 알리다'라고 할 때 'inform A B'로 쓰지 못하고 'inform A of B'로 하는 것 등도 일종의 패턴이다.

"그런데 크게 분류한 다섯 개의 문장 형식 중에서는 어떤 것이 가장 어렵니?"

"아무래도 제5형식 문장이 좀 어려운 것 같은데요."

"그렇단다. 우리나라 사람에게는 가장 낯설고 어렵게 느껴지지만 원어민은 가장 좋아하고 많이 쓰는 문장 형식이 바로 제5형식 문장이란다. 그 이유는 알고 있니?"

"글쎄요."

" 'I saw him running.'이란 문장을 한 번 보자. 이 문장은 기본적으로 'I saw him.'이란 문장과 'He was running.'이란 문장 두 개가 합쳐진 것으로 앞의 한 문장과 뒤의 두 문장은 같은 의미를 나타낸다. 그러면 앞의 하나로 된 문장을 선호하겠니? 아니면 뒤의 두 문장을 선호하겠니?"

"같은 뜻을 나타낸다면 짧은 한 문장인 'I saw him running.'을 많이 쓸 것 같은데요."

"물론이지. 군더더기 없이 단 네 단어로 이루어진 'I saw him running.'을 훨씬 많이 쓰겠지. 그런데 거기에는 또 다른 중요한 이유가 있다. 이 문장에는 약강약강의 네 박자 리듬이 배어 있음을 알 수 있다. 이렇게 리드미컬하고 풍부한 의미를 담고 있는 제5형식 문장을 선호하는 것은 너무도 당연한 일 아니겠니?"

모든 영어에는 리듬이 작용하고 있다. 만약 어떤 말에 리듬감이 부족하다면 사람들은 그 말을 더 이상 사용하지 않을 것이고 결국 그 말은 사라지고 말 것이다.

리듬은 영어의 생명이다. 이 생명의 끈을 놓치면 영어의 향상은 기대하기 힘들다.

'너는 왜 그렇게 생각하니?'를 영작해 보자. 대부분 직역을 해서 'Why do you think so?'라고 할 것이다. 그러나 원어민에게 물어보면 대부분 **'What makes you think so?'**라고 한다.

우리말로는 '무엇이 너를 그렇게 생각하게 하니?'라고 번역되어 다소 복잡해 보이지만 원어민에게는 'What makes you think so?'의 제5형식 문장이 훨씬 익숙하다.

다른 문장을 하나 더 살펴보자.

'왜 그는 그렇게 화가 났니?'

'What made him so angry?'다.

제5형식 문장을 꾸준히 연습해서 입에 익숙해지도록 해야 한다.

1. It drives me crazy.

2. The jury found him innocent.

3. Anxiety kept him awake all night.

4. All work and no play makes Jack a dull boy.

5. What makes you think so?

6. My father told me to study hard.

7. Money will enable you to do anything and everything.

8. He kept me waiting for a long time.

9. The heavy rain kept us from going out.

10. I will keep my fingers crossed.

옥스퍼드 영어 사전(OED : Oxford English Dictionary)

영어 사전의 양대 산맥은 옥스퍼드와 웹스터다. 옥스퍼드 사전은 영국에서 발행되며 그 풍부한 예문과 동사 활용 패턴의 예시로 유명하다. 한편 웹스터 사전은 미국에서 발행되며 어휘의 의미가 풍부하고 어원을 자세히 밝히는 것으로 유명하다. 개인적으로 나는 두 사전의 보급판을 다 즐겨 이용하는데 예문과 동사 활용 패턴을 위해서는 옥스퍼드 사전을, 어휘의 세밀한 의미와 어원을 알고 싶을 땐 웹스터 사전을 찾는다.

세계에서 가장 권위 있고, 가장 방대한 OED는 제작에만 무려 70년이 소요됐다. 수록된 단어는 40만, 인용문은 180만개에 달한다.

영국은 지식인들의 지적인 호기심을 충족시키기 위해 세계 최대의 영어 사전을 만들기로 하고 1857년 언어학회(The Philological Society) 주도 하에 언어학자들을 편집위원으로 하고 천 수백 명의 학자들이 동원된 사전 편찬 작업에 착수했다.

처음에는 10년 만에 완성할 계획이었으나, 우여곡절을 겪으면서 무려 70년이나 걸려 햇빛을 보게 됐다. 영문학을 공부하는 사람이면 누구나 소장하고 싶어하는 명품 도서다. 한편 1989년에 20권으로 출간된 증보판에는 '한글', '막걸리', '온돌', '김치' 등 우리말 12단어가 수록됐다.

OED가 가장 많이 인용한 책은 '성경'으로 모두 25,000개의 인용문이 사용됐다.

그러면 가장 많이 인용한 작가는 누구이겠는가?
답은 셰익스피어로 33,300개의 인용문이 나온다.

그러면 셰익스피어 작품 중에서 가장 많이 인용한 작품은?
짐작하겠지만 '햄릿'으로 1,600개의 문장을 인용했다.

OED에 얽힌 재미있는 사연은 셀 수 없이 많다. 그 중에서 가장 감동적인 이야기를 하나 소개하겠다. 이 이야기는 우리나라에서도 '교수와 광인'이라는 제목으로 출간된 바 있다.

먼저 당시 사전을 만든 방법을 간단히 이야기하겠다. 앞으로 전개될 이야기의 이해를 돕기 위해서다.

OED 사전은 영국 전역에 있는 자원 봉사자들의 힘으로 편찬됐다. 우선 사전 편찬본부에서 몇 세기의 무슨 무슨 책을 읽고 단어와 예문을 보내달라고 자원 봉사자들에게 공고를 한다. 그러면 자원 봉사자들이 지정한 책을 읽고 그 책에 들어 있는 단어와 그 단어를 사용한 예문을 적어 편찬본부로 보내면, 본부에서는 그것을 알파벳 순서에 따라 정리를 한다.

지금부터 이야기하는 것은 실존 인물이었던 OED 사전 편찬책임자 제임스 머리(James Murray) 교수와 자원 봉사자 윌리엄 마이너(William Miner) 사이의 우정을 그린 것이다.

제임스 머리의 편찬본부는 항상 많은 예문을 뽑아서 보내 주는 자원 봉사자들에게 감사하고 있었다. 당연히 많은 단어를 수집해 좋은 예문을 다는 것이 그들의 임무였기 때문이다.

편집자들은 마이너가 보낸 원고 묶음을 받아들고 늘 이렇게 말했다. "마이너와 함께 일하면 정보의 수도꼭지를 틀어놓은 것과 마찬가지다." 편집자들이 어휘에 대한 특정 자료를 원할 때마다 그저 마이너에게 엽서를 보내기만 하면 자세한 정보가 쏟아져 나왔고 그것도 항상 정확했다.

마이너는 무려 21년 동안 OED를 위해 부지런히 일했다. 그런 마이너에 대해 머리는 찬사를 아끼지 않았다.

"개별 단어, 구절, 구문의 내력을 보여주는 예문 제공의 공로를 놓고 볼 때, 윌리엄 마이너 박사가 항상 최고였다."

머리와 마이너의 첫 만남은 짝사랑하는 연인들처럼 뒤늦게 찾아왔다. 마이너가 머물던 브로드무어 정신병원에서 마이너가 위독하다는 내용의 편지를 머리에게 보냈다. 머리는 이 편지를 보고 오랫동안의 은인을 찾아 보기로 했다. 그러나 머리를 비롯한 편집자 누구도 마이너가 브로드무어에 있는 정신병원의 수용자라는 사실을 짐작조차 하지 못했다. 머리가 찾아가 만난 마이너는 엄청난 독서량을 자랑하는 학자가 아니라 초췌한 정신병자였다.

윌리엄 마이너는 원래 미국인으로서 의사였다. 미국 육군 군의관으로 남북전쟁에 참가했으나 정신병 때문에 조기 전역했다. 1871년 그는 요양차 영국으로 건너왔다. 마이너는 재능 있는 화가에 플루트 연주자였고, 또 희귀본 수집가였다.

영국으로 건너온 마이너는 상태가 호전되지 못하고 더 악화돼 급기야 밤거리를 걸어가던 무고한 노동자를 권총으로 살해했다. 즉각 경찰에 자수했고, 정신이상자라는 판정을 받아 최신식 정신이상 범죄자 수용소인 브로드무어에서 평생을 보내라는 명령을 받았다.

마이너는 오랫동안 OED를 위해 일했지만 1902년 심각한 자기혐오 증세에 빠져 자신의 성기를 잘라버렸고 그 뒤 심한 우울증을 겪는 과정에서 머리를 만나게 된 것이었다.

머리는 마이너의 처지를 딱하게 여겨 더 이상 누구에게도 위협이 되지 않는 노인을 고국으로 돌려보내 여생을 살게 해주자는 구명운동에 나섰다. 머리의 노력으로 수용소의 최종 관리 책임자이며 당시의 내무부장관이었던 윈스턴 처칠은 1910년, 마이너의 석방 탄원서에 서명했다.

늙고 병든 몸으로 미국으로 돌아갈 때 마이너는 그때까지 출판된 OED

6권을 기념으로 가져갔다. 말년에 마이너는 수용소를 전전했고 나중에는 노인 정신병 전문병원에 들어갔다. 그곳에서 마이너는 영국을 떠나기 전에 머리가 다정하게 써 보낸 글을 외워서 방문자들에게 들려주었다.

"최고의 위치는 확실히 브로드무어의 마이너 박사의 몫입니다. 마이너 박사는 매달 초가 되면 우리가 그 달에 어떤 단어를 작업할지 미리 알고 싶어 했습니다. 그러면 온 힘을 바쳐 그 달의 어휘에 대한 예문을 찾아내려고 했고 그렇게 해서 본인이 직접 사전 제작을 하고 있는 듯한 느낌을 받고자 애썼습니다.

지난 18년 동안 마이너 박사의 공헌은 지대했습니다. 우리는 그가 보내준 예문으로 지난 4세기(16~19세기)의 예문을 쉽게 충당할 수 있었습니다."

부정사

학창 시절에는 영어 공부를 할 때 부정사가 중요하다는 사실을 그다지 깊이 인식하지 못했다. 한데 KATUSA로 군입대를 한 뒤에 미군들과 대화를 하면서 부정사의 중요성을 새삼 깨닫게 됐다.

입대 후 조금 지나서 귀가 뚫리고 입이 터진 뒤에 모든 대화가 들어오기 시작했는데, 이 때 대부분의 대화가 부정사를 이용해 이루어지고 있다는 것을 알게 되었다. 부정사가 회화에서 많이 쓰이는 이유는 짧은 표현으로 많은 뜻을 담을 수 있고, 그 용도에도 제한이 없기 때문이다.

사실 부정사 구문만 제대로 구사해도 영어로 의사소통을 하는 데 거의 지장이 없다고 할 수 있다. 따라서 우리나라 사람이 영어를 제대로 못하는 것은 극단적으로 말하면 부정사 표현을 제대로 못하기 때문이다.

"어떻게 하면 부정사 표현을 잘 구사할 수 있을까요?"

"부정사 표현은 간단하기 때문에 큰 소리로 읽은 후 암기하는 것이 가장 좋은 방법이다."

"그러면 그 모든 부정사 표현을 다 외워야만 하나요?"

"그렇게 하면 더할 나위 없이 좋겠지. 하지만 외국어로서 영어를 배우는 우리에게는 그것이 결코 쉬운 일이 아니다. 따라서 용도별로 가장 대표적인 문장 패턴을 외우는 방법을 권하고 싶다."

"그것도 많으면 부담이 되지 않을까요?"

"그래 봤자 20개 정도밖에 안 된다. 고등학교에서는 2,000단어, 대학교에서는 20,000단어 이상을 요구하는 현행 영어 교육에서 20개 문장 암기는 부담스러울 게 전혀 없지 않겠니?"

부정사 문장이란 두 개의 문장을 연결한 표현인데, 그 중 한 개의 문장을 줄인 것이라는 것은 이미 말한 바 있다. 예를 들어 'She was the first woman to win the Nobel Prize.'이라는 문장을 한 번 보자. 이 문장은 'She was the first woman.'이라는 문장과 'She won the Nobel Prize.'란 문장을 합친 것이다. 이 패턴을 암기하고 있으면 '그는 ……한 최초의 사람이다'와 같이 순서를 나타내는 표현이 나올 때 어려움 없이 그 말을 이해할 수 있게 된다. 예컨대 'Charles Lindbergh was the first man to fly across the Atlantic.'이라는 말이 나오면 '찰스 린드버그는 비행기로 대서양을 건넌 최초의 사람이었다'라고 바로 이해되게 된다. 이는 이 표현이 기본 패턴인 'She was the first woman to win the Nobel Prize.'의 골격은 그대로 둔 채 단어만 몇 개 바꾼 문장이기 때문이다.

　"그럼 '그녀는 미니스커트를 입은 최초의 여자였다'는 어떻게 하면 좋지?"

　"음…… 'She was the first woman…to wear a miniskirt.'라고 하면 되지 않을까요?"

　"그래, 그렇게 하면 된다. 어려울 것 전혀 없다. 이러한 문장 패턴 암기는 듣기에만 국한되는 것은 아니다. 글을 읽을 때에도 단어를 하나하나 분해하지 않고 전체 덩어리로 읽기 때문에 독해 속도가 빨라지게 된다."

　"아! 그래요?"

　"'Charles Lindbergh was the first man to fly across the Atlantic.'이라는 문장을 보자. 이 문장을 읽을 때 일반적으로는 먼저 앞

에서 뒤까지 쭉 한 번 읽고 다시 뒤에서 앞으로 한 번 더 읽으면서 문법적으로 뒷부분의 'to fly across the Atlantic.'이 앞부분의 'the first man'을 수식하는 부정사의 형용사적 용법이라고 생각하고 독해를 하는 경향이 있다."

"저도 그렇게 하고 있는데요."

"그렇게 하지 말고 이 문장을 'Charles Lindbergh was the first man'과 'to fly across the Atlantic.'의 두 덩어리로 나누어 보아라. 그리고 각각의 덩어리의 의미를 이미 알고 있다고 하면 전체 문장이 두 의미 덩어리로 이루어진 하나의 패턴으로 읽히기 때문에 앞뒤로 왔다 갔다 할 것 없이 앞에서부터 쭉 읽으면 독해가 된다. 그러면 독해 속도가 당연히 빨라지겠지?"

이렇게 의미 덩어리로 나누어 앞에서부터 읽으면서 독해를 하다 보면 원어민의 평균 독해 속도인 분당 160단어에 접근하게 된다. 즉 우리말로 책 읽는 속도와 비슷하게 되는 것이다. 이 수준에 도달하면 듣기 능력도 증강되어 원어민의 말이 자연스럽게 들리게 된다.

즉 문장 패턴 암기는 듣기뿐만 아니라 독해 능력도 향상시킨다.

1. She was the first woman to win the Nobel Prize.

2. You have the right to remain silent.

3. I make it a rule to keep a diary every day.

4. Could you tell me how to get to the city hall?

5. I can't decide what to wear.

6. I have no house to live in.

7. He was surprised to hear the news.

8. They must be crazy to believe such a thing.

9. He awoke to find himself famous.

10. The river is dangerous for children to swim in.

11. I want you to do me a favor.

12. The pilot was forced to fly to New York.

13. He is said to be a liar.

14. Let me introduce myself to you.

15. You had better consult a doctor.

16. We watched the sun rising over the sea.

17. I had my hair cut yesterday.

18. It is very nice of you to say so.

19. This book is too hard for me to read.

20. This book is easy enough for me to read.

※ 엄밀하게 말하면 16번과 17번은 부정사 문장이 아님.

04

내 안에 잠든 원어민을 깨워라

내 안에 잠든 원어민을 깨워라

패턴이 듣기와 말하기의 지름길

KATUSA에 입대했을 때 처음에는 영어가 제대로 들리지 않아 무척 애를 먹었다. 원인은 우선 처음 만나는 원어민들이라 발음이 익숙하지 않았기 때문이다. 그리고 다음은 군대에서만 쓰는 특수한 용어에 익숙해지는 데 시간이 좀 걸렸기 때문이었다.

그러나 약 한 달 정도 지나니까 들리기 시작했다. 서서히 들리기 시작한 것이 아니라 마치 막힌 귀가 뻥 뚫린 것처럼 한꺼번에 들리기 시작했다. 그것은 마치 물이 섭씨 0도 아래로 내려가면 얼음이 되고 100도가 되면 수증기로 변해 공중으로 날아가는 것과 같다고 할 수 있다. 100도 미만에서는 아직도 액체인 물일 뿐이다. 그러나 5도의 물하고 95도의 물하고 같다고 할 수 있을까? 겉보기에는 같은 물이지만 실제 내용은 많이 다르다. 95도의 물을 들여다 되면 물속에서 물방울이 많이 생기면서 위 아래로 이동하는 현상을 볼 수 있는데 물 분자끼리 자유롭게 섞이면서 수증기가 될 준비를 하고 있는 것이다.

마찬가지로 영어도 공부를 하면 우리 뇌 속에서 이런 현상이 일어나게 된다. 그러다가 한계에 도달하면 귀가 뚫리는 느낌이 들면서 그 동안 뒤 섞여 잘 들리지 않던 소리가 한꺼번에 들어오게 된다. 그래서 영어 공부 는 점진적 상승이 아닌 계단식 상승을 보이게 된다.

"그러면 그렇게 귀가 뚫리는 데까지 걸리는 기간이 한 달이면 되는가 요?"

"반드시 그렇지는 않고 사람마다 조금씩 차이가 난다. 나는 비교적 영 어의 기초가 탄탄했기 때문이었는지는 몰라도 빨리 들린 편이었지만, 기 초가 부족한 사람들 중에는 군대 생활 2년 내내 전혀 듣지를 못한 사람도 있었다. 영어의 기초라는 것은 문법, 어휘, 문장 등 모든 것을 망라한 것 이다. 기초가 부족하다는 것은 바로 이것이 취약하다는 말을 의미하는 것이지."

원어민의 말이 들리면 다음에는 말을 하고 싶어 입이 근질거리게 된 다. 그래서 이미 들은 표현과 비슷한 표현을 영어로 일단 생각한 후 말하 게 된다. 이때 이 표현이 맞으면 상대방은 바로 올바른 대답을 하지만, 표현이 어색하거나 틀리면 한참 생각한 뒤에 답을 하게 된다. 리듬이나 발음은 괜찮은데 표현이 잘못 되었기 때문이다.

생각한 표현이 맞는 경우에는 확신을 갖고 계속 사용함으로써 그 표현 이 머릿속에 자연스럽게 암기된다. 반대로 틀렸을 경우에는 원어민이 비

숫한 표현을 어떻게 말하는가를 주시한 뒤 그 표현을 그대로 따라 하면 된다. 이렇게 하면서 영어 표현을 하나하나 차례로 익히는 것이다.

이것은 마치 아이들이 우리말을 배우는 과정이나 비슷하다고 할 수 있다. 아이들은 세상에 처음 태어났을 때는 아무 말도 못하다가 12개월쯤 지나면서 '엄마' '아빠' 등 뜻도 짐작이 가고 발음하기 쉬운 말, 즉 리드미컬한 말부터 먼저 하기 시작한다. 여기서부터 빠른 속도로 어휘가 늘다가 30개월쯤 지나면 완전히 말문이 트이면서 언어 능력은 폭발적으로 증가한다. 이 때 부모는 원어민의 역할을 하면서 아이가 하는 말 중에 틀린 표현을 고쳐주고 아이는 마치 그것을 사진 찍듯이 복사해서 사용하게 된다.

항간에는 영어 공부 할 필요 없이 듣기만 열심히 하면 영어가 향상된다고 주장하는 사람이 있다.

그러나 그것은 매우 잘못된 생각이다. 듣기 자체도 영어 공부의 일종이다. 영어를 들을 때 누워서 딴 생각을 하면서 듣는 사람은 없을 것이다. 주의를 집중해서 듣는다는 것 자체가 이미 공부하는 것이다. 또 글을 먼저 알고 영어를 배우는 우리 같은 외국인으로서는 기초를 튼튼히 하기 위해 어휘, 어법, 문장력을 높이는 데 주력하지 않으면 안 된다. 이러한 튼튼한 기초 없이는 결코 귀가 뚫리거나 영어가 향상될 수 없다. 내가 KATUSA로 있을 때, 2년 이상 근무했는데도 토막 말 몇 개 이외에는 하지 못하는 사람이 있었는데 이런 사람이 바로 여기에 속한다고 할 수 있다.

듣기 이야기가 나온 김에 올바른 듣기 방법에 대해 말해보자. 무조건 많이 듣는다고 능사가 아니다. 잘 안 들리는 부분은 별도의 듣기 연습이 필요하다. 계속해서 듣는데도 안 들리는 것은 문장의 패턴을 익히지 않았기 때문이다. 따라서 많이 듣는 것도 좋지만 대화에 많이 쓰이는 어려운 패턴은 따로 연습을 할 필요가 있다.

영어에는 강약의 리듬이 있어서 실제로 뚜렷이 들을 수 있는 것은 어떤 표현의 절반 정도이다. 그러면 어떻게 상대방이 하는 말을 다 이해할 수 있을까?

"자, 이렇게 설명해 보면 어떨까? 여기 연필이 있다. 눈을 감고 이것을 다섯 손가락 끝으로 만져 보아라."

"연필 아니에요?"

"연필인지 어떻게 알지? 네가 느끼는 건 다섯 개로 분리된 연필일 텐데 그것을 어떻게 연필이라고 인식하지?"

"예? 만지기 전에 이미 보았잖아요?"

"그렇다. 다섯 개의 분리된 연필을 종합하여 하나의 완성된 연필의 이미지를 그려내는 것이 바로 우리 뇌가 하는 일이다. 그런데 이 때 이미 우리 뇌에는 어떤 틀이 입력되어 있기 때문에 그것에 따라 이미지를 그려내는 것이다. 마찬가지로 상대방이 말하는 영어가 절반밖에 들리지 않는데도 그것을 다 이해할 수 있는 것은 우리 뇌에 이미 어떤 틀, 즉 문장 패턴이 입력되어 있기 때문이다."

"그러면 앞서 말씀하신 제5형식 10문장이나 부정사 20문장과 같은 표현을 암기하면 영어가 쉽게 들린다는 이야기죠?"

"그렇지."

예를 하나 들어보자. '당신은 한국에서 누가 과학 분야에서 최초로 노벨상을 받을 것이라고 생각합니까?'를 영어로 말하면 'Who do you think will be the first man in Korea to win the Nobel Prize in the scientific field?'라는 제법 긴 문장이 된다. 이 문장은 크게 'Who do you think / will be the first man in Korea / to win the Nobel Prize / in the scientific field?'의 네 덩어리로 나눌 수 있다.

이 문장의 핵심은 중간의 두 덩어리 즉 'will be the first man in Korea / to win the Nobel Prize'이다. 따라서 전체 문장이 안 들리는 것은 이 두 부분의 뜻을 놓치고 처음의 'Who do you think'와 끝의 'in the scientific field?' 부분만이 조금 들리기 때문이다. 그런데 앞에서 말한 부정사 문장 패턴 'She was the first woman to win the Nobel Prize.'를 알고 있으면 바로 알아들을 수 있을 것이다. 이 부정사 문장 패턴을 알고 있으면 위의 문장은 단어 네 개로 이루어진 'What are you doing?'이나 비슷한 길이를 가진 표현으로 들리게 된다. 한 덩어리가 마치 한 단어와 같이 들린다는 뜻이다. 'What are you doing?'은 쉽게 알아들을 수 있다. 그래서 전형적인 문장 패턴을 암기하라는 것이다.

"문장이 긴 데다 빠르게 말하기 때문에 못 알아듣는 것은 아닌가요?"

"긴 문장을 빠르게 말한다고 해서 알아듣지 못하는 것은 아니다. 아무리 긴 문장도 이 같은 방법으로 몇 개의 의미 덩어리로 나눌 수 있으면 쉽게 들린다. 'What are you doing?'을 아무리 빨리 말한다고 해도 알아듣지 못하는 일은 없는 것 아니겠니?"

"그렇다면 결국은 작은 의미 덩어리를 모르기 때문에 안 들리는 거군요?"

"바로 그렇다. 작은 의미 덩어리가 영어의 기초다. 이것을 소홀히 하고 듣기만을 고집한다거나 눈으로 읽기만을 반복하거나 하면 결코 영어 능력의 향상은 기대할 수 없다. 그것은 모래 위에 집 짓는 거나 다름없다."

이렇게 작은 의미 덩어리를 익히다 보면 책을 읽을 때 독해의 속도도 빨라지게 된다. 문장을 앞뒤로 왔다 갔다 하면서 문법적으로 따지지 않고 단어를 하나하나 분해하지 않으며, 덩어리 단위로 끊어서 해독하기 때문에 독해 속도가 빨라지게 된다. 이렇게 해서 분당 160단어 정도로 독해 속도가 올라가면 영어 듣기가 우리말 듣기처럼 편해진다. 더 나아가서 분당 250단어 정도의 독해가 가능해지면 누워서 팔베개하고 딴 생각을 해도 영어가 들리게 된다.

영어 실력이 어느 정도 쌓인 다음 원어민의 일상 대화를 정확히 들으려면 관용구(idiom)에 대한 이해가 필요하다. 재미있는 예를 하나 들어보자.

'Let's cut to the chase.'가 무슨 뜻인가?

여러분들이 잘 알고 있는 'Let's get to the point.'(본론으로 들어가자)와 같은 뜻이다.

그런데 대화체에서는 리듬감 때문에 후자보다는 전자인 'Let's cut to the chase.'를 많이 사용한다. 이 표현에는 유래가 있다.

20세기 초 미국의 무성 서부 영화는 낭만적인 이야기 뒤에 스릴 넘치는 말과 마차의 추격 장면으로 끝나는 것이 보통이었다. 따라서 '이전 장면을 끝내고 추격 장면으로 넘어가라'는 의미에서 'cut to the chase'라는 표현을 영화 대본에서 쓰기 시작했다. 이것이 현재는 '바로 본론으로 들어가라'는 의미로 쓰이는데 이 유래를 모르고 개별 단어의 뜻만 가지고는 이 말을 이해할 수 없게 된다.

영어는 지역에 따라 다양하게 발달했기 때문에 원어민에 따라 억양과 발음에 심한 차이가 나서 알아듣기 어려울 때도 있다. 영국인과 미국인이 다르고, 미국에서도 서부와 동부, 남부와 북부에 따라 억양과 발음 차이가 나지만 그것은 그리 큰 문제는 아니다. 왜냐하면 아무리 억양과 발음 차이가 있어도 강약의 리듬만은 확실히 있기 때문이다. 따라서 문장 패턴을 이미 알고 있으면 웬만한 억양과 발음 차이는 무시되고 모두 같은 표현으로 들리게 된다. 우리말에서도 각 지방마다 방언이 있지만 다 알아들을 수 있는 것과 마찬가지다.

"귀가 뚫려서 듣기가 되기 시작하면 그 다음에는 말하기로 넘어가나요?"

"귀가 뚫리면 이제는 입이 근질거리게 되는데 말하기는 앞에서 말한 것처럼 시행착오를 반복하면서 늘게 된다. 이 시행착오를 줄이기 위해 문자의 도움을 받는다는 것은 이미 말한 바 있다. 이 문자의 도움을 받는 과정에서 많이 쓰이는 표현을 발견하게 될 것이다. 바로 이런 표현이 영어의 기초를 이루고 있다. 따라서 이런 표현은 여러 번 큰 소리로 읽은 뒤 암기해야만 한다. 사람들이 많이 쓰는 기초 표현은 리드미컬하기 때문에 외우기에 매우 좋다."

"결국은 다시 기초 문장의 암기군요."

"그래. '모든 길은 로마로 통한다'는 영어 속담처럼 '영어의 모든 길은 기초 문장의 암기로 통한다'고 할 수 있다. 결단코 말하건대 이 외에 다른 방법은 없다."

듣기 어려움에 대한 소회

　한 외국인 언어학자는 일반적으로 비영어권 사람들이 영어 듣기에 어려움을 호소하는 이유로 다음 몇가지를 열거했다. 즉 •음소 차이 •리듬 •말 속에서 단어의 구분 •보통 속도로 말하는 영어에 대한 경험 부족으로 친근감을 느끼지 못함 •심리적인 문제 •어휘 •문장의 전개 방향에 대한 예측 부족 •다양한 음역, 스타일, 액센트 등에 대한 친근감 부족 등.
　어디 이뿐이겠는가? 우리가 영어를 못 알아듣는 이유는 셀 수 없이 많을 것이다. 위에 열거한 항목은 다분히 학문적인 분류이고, 이보다 실전적이고 경험적인 어려움에 대해 이야기 해 보자. 다음은 내가 아는 한 선배의 이야기다.

■ 긴장감(anxiety)

　원어민을 만나 대화를 하는 과정에서 역시 가장 큰 장애는 긴장감이라고 한다. 익숙하지 않은 언어로 대화를 해야 하기 때문에 자연히 긴장이 되고, 그 긴장감은 말하는 것을 어눌하게 만들고 듣는 것도 어렵게 한다. 한 연구자가 조사한 바에 따르면 한국 학생들이 긴장으로 인해 영어를 못 알아듣는 경우가 70% 가까이 된다고 한다. 그만큼 긴장이 영어 회화의 장애물이라는 것이다.
　그 선배의 경우 대학 시절에 우연히 미국인 가족을 알게 돼 주말이면 미8군 안에 있는 관사에 가서 하루 종일 놀다오곤 했다. 역시 영어로 말을 해야 한다는 당황스러움, 틀리지 않을까 하는 조바심, 게다가 문화적 차이에서 오는 결례 등을 모두 염려하다 보니 상대방이 물어오는 경우에만 겨우 대답을 하게 되고 대부분의 시간은 눈치를 보며 침묵을 지켰다. 혹시

과묵하게 비쳐졌을지도 모른다. 일단 말을 하면 짧은 문장이지만 완벽한 문법을 구사하기 때문에 그 사람들은 그 선배가 영어를 잘하는 사람일지도 모른다는 생각을 했을 수도 있다. 물론 그 짧은 문장도 머릿속에서 작문을 한 후 몇 번씩 검토해 보고 겨우 토해 놓는 것이어서 완벽할 수밖에 없었을 것이지만.

그 선배의 기억으로 긴장감은 무려 6개월 이상 지속됐다. 상당히 친해지고, 또 '틀리면 어떠랴'는 막가파식 심정이 생기고 나서는 서서히 두려움이 사라졌다. 특히 6개월 정도 지나니까 꿈을 영어로 꾸는 일이 가끔 발생했다. 꿈속을 헤매며 그동안 더듬거렸던 영어를 몇 시간씩 쉴 새 없이 떠벌이는 장면이 자주 등장했다.

영어로 꾸는 꿈과 긴장감의 소멸은 그 선배 기억으로 거의 같은 시기에 찾아왔다. 긴장감이 사라진다고 해서 꼭 좋은 것만은 아니다. 틀려도 대충 말하는 습관이 생기기 때문이다. 물론 상대방 원어민이 모든 것을 이해해 준다면 대화의 진행에는 아무런 문제가 없을 것이다. 하지만 바로 그것이 문제다. 원어민이 알아들으니 맞는 어법인 줄 알고 계속 다른 곳에서도 쓰게 되는 것이다.

그 선배는 동시통역사이면서 방송인으로 잘 알려진 배유정씨를 만났을 때 영어를 잘하는 법에 대해 물어본 적이 있다. 배유정씨의 대답은 대충 얘기하는 습관을 들이지 말고 끝까지 완벽한 문장을 구사하려고 노력하라는 것이었다. 시간은 걸리지만 그래야 고급 영어를 익힐 수 있다는 것이다. 공감이 가는 이야기였다. 배유정씨는 도널드 그레그가 주한미국대사 시절 전속 통역사로 일한 적이 있으며 연극, 방송 등에서 다양한 재능을 꽃피웠다.

결국 영어는 평생을 해야 하는 언어가 됐다. 따라서 지금 당장 적당히 대화하는 것에 급급하지 말고 길게 보고 고급스런 영어를 익히는 것이 좋다. 우리가 쓰는 영어의 수준에 따라 미국인들의 대접도 달라진다는 것을 명심하자.

그렇지 않겠는가. 미국인이 한국말을 조폭한테 배워 맨 쌍소리만 한다면 우리가 그 미국인을 점잖게 대하겠는가. 반대로 우리도 잘 쓰지 않는 존대말과 겸양어로 한국말을 구사한다면 자연히 우리도 자세를 가다듬을 것이다.

이처럼 긴장감은 영어 회화에서 양면성을 지닌다. 가슴을 두근거리게 하고 심리적 염려를 가져오는 반면, 적절한 스트레스는 사람을 각성케 해 학습 효과를 높일 수도 있다는 것이다.

■ 중의성(ambiguity)

영어를 들을 때 또 다른 어려움 중의 하나는 중의성이다. 중의성은 하나의 단어가 두 가지 의미를 갖는 것을 말한다. 이러한 현상은 물론 우리말에도 있다.

예를 들면 'John went to the bank.(존은 은행에 갔다/강둑에 갔다)', 'Flying planes can be dangerous.(비행기를 타는 것은 위험할 수 있다/나는 비행기는 위험할 수 있다)' 등이 중의성을 지닌 문장이다.

다음 문장을 보자.

Fighting elephants can be dangerous.

이 문장은 다음 두 가지 의미로 해석할 수 있다.

(1) To fight elephants can be dangerous.

(2) Elephants which are fighting can be dangerous.

이 경우 말하는 사람의 의도와 다른 뜻으로 이해를 한다면 대화 진행에 어려움이 있을 것이다.

-2명의 아줌마가 레스토랑에 들어가 방에 자리를 잡았다.

그러자 웨이터가 다가와 다음과 같이 말했다.

"I'm sorry. We only serve men in this room."

(미안합니다. 이 방에서는 남자에게만 음식을 제공합니다./ 이 방에서는 남자만 제공합니다.)

이 말을 들은 아줌마 중 한 명이 다음과 같이 말했다.

"Good. Bring us two."

(좋아요. 두 명 데려 오세요.)

한 가지 더 공부해 보자. 중의성을 갖는 재미있는 질문이 있다. 다음을 해석해 보라.

'When is a car not a car?'

해석은 어렵지 않을 것이다. 그렇다면 이 물음에 답을 해보라.

자! 차가 차가 아닐 때는 언제인가?

어려운 문제여서 답을 그냥 공개하겠다.

'When it turns into a driveway.'

(원래 해석은 '차가 진입로에 들어설 때' / 중의적 해석으로는 '차가 진입로로 변할 때')

turn into는 '들어가다'라는 뜻과 함께 '~로 변하다'라는 뜻을 가진 중의어다. 이 경우 '들어가다'라는 선입견에 집착한다면 이 문장을 결코 해석할 수 없다. 중의어의 의미를 파악하기 위한 재치문답이다.

■ 어휘의 부족

어휘의 부족은 우리나라 사람들이 간과하기 쉬운 부분이다. 우리는 독해를 통해 상당한 어휘를 확보하고 있다고 생각한다. 그리고 미국인들도 실제 생활에서 빈번하게 사용하는 단어는 600~800개 정도라는 말을 흔히 한다. 사실 식당에 가서 식사를 주문하거나, 햄버거 가게에 가서 햄버거를 사거나, 화장실을 찾아 갈 때라면 그 정도 어휘로도 충분할 수 있다.

그러나 그 선배가 경험한 바로는 상황에 따라 그 정도 어휘로는 아무 말도 할 수 없는 경우가 있다고 한다.

최근에 그 선배가 미국인한테서 받은 질문 중에 하나는 북한이 과연 미국의 적인가, 미국을 공격할 수 있는가 하는 것이었다. 이 질문에 답하려면 남북한 정세를 포함한 국제정세도 언급해야 하는 등 상당히 민감하고 어려운 단어들이 많이 동원돼야 한다. 사실 이 질문은 미국에 가서 처음 만나는 미국인들이 가장 많이 물어보는 질문 중의 하나다.

사실 우리가 아는 어휘의 절대수는 많다. 그러나 그 어휘는 대개 독해용일 경우가 많고 회화용은 적다. 어휘 부족의 심각성은 아주 재미있고 쉬운 영화를 보면 어렵잖게 느낄 수 있다. 특히 인터넷에 떠도는 시나리오를 구해서 읽어보면 정말 모르는 어휘가 많고, 따라서 제대로 못 알아듣는 것이 당연하다는 생각이 들게 된다.

따라서 영어를 제대로 하려면 대화에서 많이 쓰이는 구어체 어휘를 머릿속에 많이 입력해 놓는 노력을 별도로 기울여야 한다. 단어를 많이 안다는 착각에 빠져 잘 안 들리는 문장을 단지 듣기 능력 부족으로 돌리는 우를 범하지 말아야 한다. 발음과 뜻도 모르는 단어를 아무리 반복해서 들어봐야 무슨 말인지 알 수가 없는 것은 당연하다. 어휘를 먼저 확보하라.

〈영어 청취력 향상에 관한 연구 : 특히 한국군 조종사를 대상으로〉, 권오균, 한국외국어대학교 교육대학원 영어교육전공 석사학위 논문을 일부 참고.

*영어 듣기를 완성하려면 받아쓰기 후 낭독을 하라.

영어 회화를 비교적 잘하는 한국인도 상대방이 하는 말의 모두를 알아
들어서 대화를 진행하는 것은 아니다. 처음에 설명했듯이 영어는 문장에
서 강한 부분과 약한 부분으로 나뉘기 때문에 상대방이 약한 부분을 발
음할 때는 놓치는 경우가 많다. 그래도 강한 부분인 중요 단어를 알아들
어 대화를 진행할 수 있다. 중요 단어로 이어진 문장 패턴을 머릿속에 이
미 입력시켜 놓았기 때문이다.

많은 문장 패턴을 암기하여 거기에 익숙해지면 정확한 영어를 구사하
고, 상대방의 말을 한 자도 놓치지 않고 들을 수 있게 된다. 만일 이때 어
떤 말이 잘 안 들리면 그 문장 패턴에 익숙하지 않기 때문이다. 문장 패
턴에 익숙해지기 위한 한 방법으로 받아쓰기 후 낭독을 권하고 싶다. 물
론 처음에는 엄청난 노력과 시간이 필요하다.

CNN 뉴스를 5분 정도만 녹음했다 받아 적어 보자. 처음에는 거의 3시
간 정도 걸린다. 우선 아나운서의 말이 무척 빠르기 때문에 5분 동안의
말을 적어 놓으면 절대량이 많다. 그리고 말이 빨라서 한 문장을 완성하
는데도 여러 번 반복해야 한다. 또 뉴스 영어가 언뜻 쉬울 것 같지만 글로
바꿔 놓으면 모르는 단어가 무척 많이 나온다. 대개 모르는 단어는 듣기
가 불가능하고 정답을 적을 수 없는데, 조금 숙련이 되면 발음에서 철자
를 찾아내 사전의 도움으로 완성시킬 수 있다. 이렇게 완성시킨 것을 10
분 이상에 걸쳐 리듬을 넣어 낭독해 보자. 그렇게 어렵게만 느껴지던 영

어가 내 피와 살이 되고 있음을 느끼고 가슴 뿌듯할 것이다.

이 받아쓰기와 낭독을 상당기간 연습하면 스스로 정확한 듣기가 되고 있음을 느낄 수 있다. 시사 용어가 익숙해지고 문장이 자연스럽게 암기되기 때문이다. 요즈음은 받아쓰기 연습을 하기가 수월한데 MP3 플레이어나 동영상 플레이어로 재생할 수 있기 때문이다. 클릭 한 번만으로 뒤로 돌리거나 반복할 수 있다. 과거 손가락으로 힘 있게 눌러 작동시키는 녹음기의 경우는 고생이 이만저만 아니었다. 3시간 정도 누르기를 계속하면 나중에는 손가락에 힘이 모두 빠져버린다.

받아쓰기를 위한 MP3 파일이나 동영상 파일을 텍스트와 함께 무료로 제공하는 곳이 많아 관심만 있으면 손쉽게 인터넷에서 영어 듣기의 고수가 될 수 있다.

대표적인 사이트 몇 가지를 소개한다.

1. Randall's ESL Cyber Listening Lab(http://www.esl-lab.com)

영어가 외국어인 학생을 위해 제작된 홈페이지로 현재 유타(Utah) 대학의 English Language Institute에 재직하고 있는 랜덜(Randall) 교수에 의해 운영되고 있다. 랜덜 교수는 영어 강사로서의 풍부한 경험을 살려 다양한 수준과 내용으로 듣기자료를 만들어 올려 놓았다. 난이도에 따라 빈칸 메우기 문제와 긴 대화를 듣고 답하기, 짧은 대화나 소리를 듣고 답하기 등 다양한 수준과 내용의 문제를 제공하고 있다. 특히 easy, medium, difficult로 수준이 나뉘어 있어 학습자의 수준에 따른 학습이 가능토록 구성되어 있다.

2. 해커스 토익(http://www.hackers.co.kr)

무료 강의코너의 다양한 항목 중 원하는 항목을 선택하면 된다.

- 'AP 영어 받아쓰기'는 텍스트가 나와 있어 정답을 체크할 수 있다.
- AP 영어가 힘든 사람에게는 LC 받아쓰기 섹션에서 비교적 쉬운 문장을 하나씩 듣고 정답을 보는 과정도 제공한다.
- '스크린 영어'에서는 새로운 토익에 대비, '브리짓 존스의 다이어리' 등 영화를 통해 영국식 발음을 익힐 수도 있다.
- 미국 중산층의 평범한 영어를 공부하려면 텍스트와 함께 제공되는 'Sex & The City' 드라마를 보면 도움이 된다. 고등학생에게는 대사가 조금 야한 것이 흠이다.

3. 오디오 잉글리시(http://www.audioenglish.com)

MP3 파일과 본문을 무료로 제공한다. 뉴스 청취, 드라마, 어린이, 토크쇼, 시트콤 등 다양한 주제의 오디오로 받아쓰기 연습을 할 수 있다.

4. MP3 어학 자료실(http://mp3edu.co.kr)

이 사이트에서는 통문장 받아쓰기를 다운받아 연습할 수 있는데, 무료로 제공하는 것만 확보해도 충분한 연습이 가능하다.

5. 인터넷 신문 프레시안(http://www.pressian.com)

프레시안에 가면 AP 뉴스 보기 코너가 있는데, 이곳에서는 괄호 넣기가 아닌 풀 텍스트 받아쓰기 연습을 할 수 있어서 좋다. 특히 뉴스 내용이 시사에 관련된 것이고 다양한 미국식 영어가 구사되기 때문에 현장 영어를 익히는 데 좋다. 조금 훈련된 사람을 위한 코스다.

6. 네이버 영어사전(http://endic.naver.com)

CNN 동영상 학습과 뉴스 청취 파일을 제공하는데, 풀 텍스트를 제공해 받아쓰기 연습에 크게 도움이 된다.

처음 기자 생활을 하면서 영어로 글을 쓸 때는 무척 힘들었다. 취재 후 영어로 기사를 작성하면 원어민 편집자가 영문 표현에 대한 교정을 해 주었다. 내 기억으로 처음에는 전체 글 중 약 20퍼센트 정도를 다시 고쳐 썼다.

이 정도도 실력이 꽤 괜찮은 편에 속한다는 칭찬을 당시 첫 기사를 교정한 원어민 편집자로부터 들었다. 많게는 80퍼센트까지 교정을 받는 사람도 있었다.

영작문의 경우 먼저 머릿속에서 영어로 생각을 한다. 이 과정에서 표현이 도저히 떠오르지 않을 경우에는 사전 등에 의존한다. 이렇게 고민을 거듭해서 영작을 해도 처음에는 이 표현이 맞는지 틀리는지 자신이 없다. 그런데 원어민 편집자가 이 표현을 그대로 두면 맞는 표현이고, 고치면 틀리거나 어색한 표현인 것이다. 이러한 과정을 거치면서 올바른 표현을 지속적으로 익히게 된다.

한번은 '수출은 미미했다'라는 표현을 영작해야만 했는데 '미미했다'라는 표현 때문에 한 나절을 고민한 적이 있었다. 그래서 고심 끝에 무어라 썼었는데 나중에 원어민 편집자는 이것을 간단히 'Exports were less than ideal.'로 깔끔하게 마무리해 버렸다. 이렇게 익힌 표현은 평생 잊지 않고 기억하게 된다.

이렇게 계속적으로 원어민의 교정을 받다보면 나중에는 더 이상 원어민의 도움이 필요 없을 때가 온다. 왜냐하면 내가 이미 원어민이 되었기 때문이다. 그 과정이 약 1년 정도 걸린 것으로 기억한다. 약 1년 정도 되니 원어민은 관사 'a' 나 'the' 마저도 고치지 않고 그대로 두었다.

"영어로 글을 쓸 때 가장 중요한 점은 무엇인가요?"

"GIGO란 말 들어본 적 있니?"

"글쎄요."

"컴퓨터 용어로 'Garbage in, garbage out.'의 약자이다. 즉, 쓰레기를 넣으면 쓰레기가 나온다는 이야긴데, 이 말을 좀 바꾸어서 'Gold in, gold out.'으로 이해할 수도 있다. 즉 금을 넣으면 금이 나온다는 말이다. 이처럼 좋은 글 쓸 거리가 있어야만 좋은 글이 나올 수 있다. 따라서 기사문을 작성할 때는 취재를 충실히 해야만 하고, 논문을 쓸 때는 기초자료를 완벽하게 수집해야만 한다. 다음으로는 이런 재료를 잘 구성해야만 한다. 이 과정에서 논리적 사고력이 필요하다. 마지막으로는 올바른 표현을 해야만 한다. 이 때 필요한 것이 바로 영작문 능력이다. 이 세 과정에서 한 가지만 소홀히 하더라도 좋은 글이 나올 수 없다."

"영문으로 글쓰기는 영어 학습에서 최종적인 단계라 할 수 있겠네요?"

"그렇게 볼 수 있단다. 듣기로 시작하여 말하기·읽기를 거쳐 최종적으로 쓰기를 해야만 완결된다고 할 수 있지. 영어 쓰기는 문법·어휘력·문장력이 집약되는 영어의 결정판이라 할 수 있다. 내가 비교적 영어로 글쓰기를 쉽게 할 수 있었던 것은 이러한 기초를 어느 정도 충실히 닦았기 때문이었다고 할 수 있지."

"그러면 영어 글쓰기도 기초 문장의 암기를 통해서 쉽게 할 수 있나요?"

"당근이지. 기초적인 문장 패턴만 암기하고 있으면 쉽게 글이 써진단다. 예컨대 '박태환은 세계 수영 선수권 대회에서 한국인 최초로 금메달을 땄다'라는 기사문을 쓴다고 가정해 보자. 'She was the first woman to win the Nobel Prize.'를 알고 있을 때 이 패턴을 조그만 바꾸면 바로 영작이 가능해진다. 'Park Tae-Hwan was the first Korean man to win the gold medal in the world swimming championship.'이라고 하면 훌륭한 영작문이 되지 않겠니?"

"정말 그렇네요. 이렇게 하니 굉장히 쉽게 느껴지네요."

"기초 문장 패턴을 암기하면 듣기와 말하기는 물론이려니와 쓰기도 쉽게 할 수 있다."

"결국 모든 길은 기초 문장의 암기로 통하는군요."

쓰기 연습 예문

다음은 한 석사학위 논문에 나온 사례이다.

영어 쓰기는 너무 광범위하고 어려운 분야이기 때문에 편의상 다음과 같은 예문을 제시하고 이야기해 보기로 하자. 예문들을 우선 영작문 해 보고 틀린 부분을 중점적으로 분석해서 우리가 취약한 곳이 어딘지를 찾아내 보자.

1. 우리 집은 매우 행복하다.
2. 나의 어머니는 5년 전에 죽었다.
3. 이 소설은 잘 팔린다.
4. 그는 그의 아버지와 닮았다.
5. 나는 그 결과에 만족하고 있다.
6. 그녀는 일곱 살 난 소녀다.

7. 나는 광주역에서 열차를 갈아탔다.

8. 그는 그 책을 쓴 작가다.

9. 달은 지구위성이다.

10. 운전하는 법을 저에게 설명해 주실 수 있습니까?

11. 너는 내가 누구인지 아니?

12. 그는 미술보다 음악을 더 열심히 공부했다.

13. 나는 그녀와 결혼했다.

14. 그는 회복할 가망이 없다.

15. 그 선생님은 아름답게 보인다.

16. 여기는 어디냐?

17. 우리는 차도를 건너기 전에 좌, 우를 살펴야만 한다.

18. 나는 선생님에게서 영어를 배웠다.

19. 제주의 인구는 얼마인가?

20. 1년에는 4계절이 있다.

21. 나는 오랫동안 그를 안다.

22. 나는 바로 지금 그것을 끝마쳤다.

23. 나는 좋은 것을 가지고 있다.

24. 나는 계절 중에서 여름을 가장 좋아한다.

25. 우리는 산에 오르려고 한다.

26. 이 책 소유자는 훌륭한 학생이다.

27. 그것에 대하여 어떻게 생각하니?

28. 의자 다리는 짧다.

29. 50마일은 먼 거리다.

30. 나는 한 소년을 만났는데, 그 소년이 나에게 소식을 전했다.

31. 나는 내 아버지를 행복하게 해주고 싶다.

32. 택시는 빨리 달린다.

33. 나는 매일 아침 학교에 간다.

34. 그는 나에게서 돈을 훔쳤다.

35. 내 아주머니 가방은 좋다.

36. 그 악당은 잔인하기로 유명하다.

37. 이 세 개의 오래된 큰 석조 건물을 보라.

38. 나는 어제 안전하게 여기에 도착했다.

39. 너 피아노 칠 줄 아니?

40. 우리 학교는 제주시의 중앙에 위치해 있다.

41. 나는 매일 저녁 식사 후 곧 잠잔다.

42. 그의 형이 가지고 계신 다른 책을 저에게 주세요.

43. 나의 형은 지금 신문을 읽고 계신다.

44. 나는 호랑이가 무섭다.

45. 그는 늦게 일어났다.

46. 안경을 어디에 두었는지 모르겠다.

47. 동서로 10마일이고 남북으로 20마일이다.

48. 그녀와 나는 좋은 친구이다.

49. 나는 어젯밤 그녀를 만났다.

50. 어젯밤에는 재미있게 놀았다.

이 문제는 매우 단순하고 빈번히 사용되는 문장들로서 고등학교 학생 150명을 대상으로 조사했다. 조사는 이 학생들이 작문한 문장들을 검토하고 가장 빈번하게 오류가 발생하는 문항을 뽑아 한국인들이 틀리기 쉬운 작문에 대해 분석했다. 학생들이 문장의 어떤 부분을 틀렸나를 검토하면 우리가 작문 시 주의해야 할 점들을 쉽게 파악할 수 있을 것이다.

오류를 분류하는 방법은 여러 가지가 있지만 여기서는 시제, 어순, 태, 수, 형용사, 부사, 전치사, 관사 등으로 나누어 보았다.

(1) 시제

시제에 관한 오류는 과거 시제 대신 현재 시제를 사용하는 경우, 현재 시제 대신 과거 시제나 현재 완료 시제를 사용하는 경우, 현재 완료 시제 대신 과거 시제를 사용하는 경우, 그리고 시제 표시를 이중으로 사용하는 경우가 있다.

문항 21(오답률 63%) : I knew him for a long time.

(정답-I have known him for a long time.)

우리말에는 완료형이 없기 때문에 과거 행동이 현재까지 미치고 있는데도 단순한 과거로 생각하여 사용한 오류이며 완료의 의미를 모르는 데서 오는 것이라 할 수 있다.

문항 33(오답률 24%) : I have gone to school every morning.

(정답-I go to school every morning.)

문항 41(오답률 34%) : I went to bed soon after supper everyday.

(정답-I go to bed soon after supper everyday.)

문항 33과 41은 일상적으로 반복되는 습관적 행위는 항상 현재 시제를 사용해야 하는데도 이미 진행된 사실을 생각해서 과거형이나 완료형을 사용하는 답이 많았다. 이러한 현상은 영어 자체의 규칙에 대한 인식 부족과 우리말에서 시간의 개념이 희박한 데서 그 원인을 찾을 수 있다.

(2) 어순

어순에 대한 오류는 두 가지로 나누어 그 원인을 설명할 수 있다. 즉, 우리말의 어순에다 영어의 어순을 대치시키는 경우 부사의 위치를 우리말 순으로 잘못 넣는 등의 실수를 할 수 있다.

문항 24(오답률 46%) : I best like summer of the seasons.
(정답ㅡI like summer of the seasons best.)
문항 38(오답률 24%) : I arrived yesterday safely here.
(정답ㅡI arrived here safely yesterday.)

우리말의 어순 '어제 여기에'와 '여름을 가장 좋아한다'를 그대로 영어에 적용하여 동사 뒤에 위치해야 할 부사가 잘못 쓰인 예이다.

(3) 태

태에 관한 오류는 능동태와 수동태의 혼용으로 능동태를 사용할 곳에 수동태를 사용하는 경우와, 수동태를 사용할 곳에 능동태를 사용한 경우이다.

문항 2(오답률 67%) : My mother was died five years ago.
(정답ㅡMy mother died five years ago.)

이 예는 우리말의 '죽었다', '시작됐다' 등을 수동의 의미로 보았기 때문에 수동태로 쓴 것이라 볼 수 있다.

문항 3(오답률 62%) : This novel is sold well.

(정답-This novel sells well.)

이는 우리말의 '이, 히, 기, 리' 등 피동접사 사용 관습에 의하여 '팔린다'로 작문한 오류다.

문항 5(오답률 58%) : I satisfied the result.

(정답-I am satisfied with the result.)

여기서도 '만족한다'를 우리말의 의미로 판단하여 능동으로 표현한 것이다.

문항 40(오답률 72%) : Our school situated in the center of Cheju City.

(정답-Our school is situated in the center of Cheju City.)

여기서도 '위치한다'를 우리말의 의미로 판단하여 능동으로 표현했다.

(4) 수

영어는 우리말에 비해 수의 개념이 매우 엄격하여 대부분의 명사는 단수형과 복수형이 있다. 하지만 우리말에는 관습과 표현 때문에 수의 개념이 철저하지 못해 오류가 나타난다.

문항 20(오답률 52%) : There is four season in a year.

(정답-There are four seasons in a year.)

이는 우리말 4계절을 단수로 생각하여 그대로 영역한 데서 오는 오류이다.

문항 46(오답률 84%) : I wonder where my glass is.

(정답-I wonder where my glasses are.)

절대 복수형으로만 쓰이는 명사인 glasses를 우리말 습관대로 그저 단수로 표현하는 오류를 범했다.

문항 48(오답률 78%) : She and I am good friend.

(정답-She and I are good friends.)

우리말 관습에 의해 명사 및 동사를 단수형으로 표시한 오류다.

(5) 형용사

형용사의 오류는 형용사를 쓸 곳에 우리말처럼 부사로 사용하는 경우라든지, 또는 순서를 혼동해서 쓰는 경우에 발생한다.

문항 15(오답률 30%) : The teacher looks beautifully.

(정답-The teacher looks beautiful.)

문항 31(오답률 59%) : I want to make my father happily.

(정답-I want to make my father happy.)

이는 우리말의 '~하게'라는 말을 부사의 의미로 생각해 영어 표현에도 그대로 부사형으로 옮기는 데서 발생하는 오류다.

(6) 부사

부사의 오류는 주로 시간을 사용하는 부사를 사용하는 과정에서 발생한다.

문항 49(오답률 17%) : I met her yesterday night.

(정답-I met her last night.)

이는 우리말의 '어제'를 그대로 영어로 옮긴 데서 기인한 오류다.

(7) 전치사

영어의 전치사는 우리말의 조사와도 같은 것이다. 우리는 보통 말의 의미를 더 자세히 나타내려고 전치사를 사용하다 오류를 범한다.

문항 13(오답률 72%) : I married with her.

(정답-I married her.)

문항 25(오답률 39%) : We are going to climb to the mountain.

(정답-We are going to climb the mountain.)

여기서는 '~에, ~와, ~함께'의 우리말의 의미를 그대로 영어로 옮기

거나, 또는 전치사 자체를 잘못 사용하는 데서 오는 오류로 볼 수 있다.

(8) 관사

관사의 오류는, 우리말에 관사가 없기 때문에 영어 표현시 관사를 누락시키거나, 또 정관사를 사용해야 할 곳에 부정관사를 사용하거나 부정관사를 쓸 곳에 정관사를 잘못 사용하는 데서 발생한다.

문항 8(오답률 45%) : He is writer who wrote book.
(정답—He is the writer who wrote the book.)
문항 30(오답률 47%) : I saw boy, boy told me the news.
(정답—I saw a boy. The boy told me the news.)

관사가 없는 우리말의 사용 관습 때문에 발생하는 오류로 볼 수 있다.

(9) 그 밖의 다른 문항 정답

1. 우리 집은 매우 행복하다.
   Our family are very happy.
4. 그는 그의 아버지와 닮았다.
   He resembles his father.
6. 그녀는 일곱 살 난 소녀이다.
   She is a seven-year old girl.
7. 나는 광주역에서 열차를 갈아탔다.
   I changed trains at Kwangju Station.

9. 달은 지구위성이다.

The moon is the satellite of the earth.

10. 운전하는 법을 저에게 설명해 주실 수 있습니까?

Could you explain to me how to drive?

11. 너는 내가 누구인지 아니?

Do you know who I am?

12. 그는 미술보다 음악을 더 열심히 공부했다.

She studied music harder than fine art.

14. 그는 회복할 가망이 없다.

There is no hope of his recovery.

16. 여기는 어디냐?

Where are we now?

17. 우리는 차도를 건너기 전에 좌, 우를 살펴야만 한다.

We should look to the right and left before crossing a roadway.

18. 나는 선생님에게서 영어를 배웠다.

I learned English from my teacher.

I was taught English by my teacher.

19. 제주의 인구는 얼마인가?

What is the population of Cheju?

22. 나는 바로 지금 그것을 끝마쳤다.

I finished it just now.

23. 나는 좋은 것을 가지고 있다.

I have something good.

26. 이 책 소유자는 훌륭한 학생이다.

The owner of this book is a good student.

27. 그것에 대하여 어떻게 생각하니?

    What do you think about it?

28. 의자 다리는 짧다.

    The chair legs are short.

29. 50마일은 먼 거리다.

    Fifty miles is a long distance.

32. 택시는 빨리 달린다.

    The taxi runs fast.

34. 그는 나에게서 돈을 훔쳤다.

    He robbed me of money.

35. 내 아주머니 가방은 좋다.

    My aunt's bag is good.

36. 그 악당은 잔인하기로 유명하다.

    The rascal is notorious for his cruelty.

37. 이 세 개의 오래된 큰 석조 건물을 보라.

    Look at these three large old stone buildings.

39. 너 피아노 칠 줄 아니?

    Can you play the piano?

42. 그의 형이 가지고 계신 다른 책을 저에게 주세요.

    Give me another book of his brother's.

43. 나의 형은 지금 신문을 읽고 계신다.

    My brother is reading a newspaper now.

44. 나는 호랑이가 무섭다.

I am afraid of tigers.

45. 그는 늦게 일어났다.

He got up late.

47. 동서로 10마일이고 남북으로 20마일이다.

It is 10 miles from east to west, and 20 miles from north to south.

50. 어젯밤에는 재미있게 놀았다.

I enjoyed myself very much last night.

〈영어 작문에 나타난 학습자의 오류 분석 연구〉, 고문웅, 전남대학교 교육대학원 교육학과

영어교육전공 석사학위 논문, p19~47, 1994년 2월.

모든 영어가 문장의 암기로 통한다면, 문장 암기는 어떻게 하는 것이 좋을까? 큰 소리로 강약의 리듬에 맞추어 읽는 것이다. 그것이 바로 비법이다. 비법이라고 해서 특별한 것은 아니고 이 과정만 제대로 하면 기초 문장은 전부 외울 수 있다.

"정말이에요?"

"그럼. 만약 이렇게 하는데도 어떤 문장이 잘 외워지지 않으면 그것은 외울 필요가 없다. 왜냐하면 그 문장은 리듬이 부족하기 때문이다. 리듬이 부족한 문장은 사람들이 잘 쓰지 않는다."

"꼭 큰 소리로 읽어야 하나요?"

"아무렴, 그렇고 말고. 반드시 큰 소리로 읽어야 한다. 큰 소리로 읽으면 누가 그 소리를 듣게 되지?"

"자기 자신이 듣게 되지요."

"그래. 리듬에 맞추어 낭독하면 입 훈련이 되어 발음이 좋아질 뿐만 아니라 그 말을 자신의 귀로 듣기 때문에 귀 훈련도 되어 듣기 감각도 좋아진다. 즉 일석이조의 효과를 거두게 되는 거지."

내가 과거에 썼던 내 안의 원어민 깨우기 방법을 소개하겠다. 마치 마법을 거는 것과 같은데, 우선 먼저 큰 소리로 주문을 외듯 리듬에 맞추어 낭독하면 내 안에 잠든 원어민이 기지개를 켜고 일어나게 된다. 그리고 그 친구와 대화를 하면 된다. 이렇게 하면 말하기와 듣기가 동시에 이루어진다. 다시 말하면 자기 안의 원어민과 자기 스스로가 서로 이야기를 주고받는 것이다.

내가 학교에서 영어 성적이 남보다 앞설 수 있었던 것은 이 과정을 반복했기 때문이다. 원어민과 같이 생활하던 시절은 상관없지만 원어민이 없는 환경에서도 영어의 감각을 잃지 않았던 것은 내 안에 잠들어 있는 원어민을 깨워서 대화했기 때문이다.

이것은 단지 영어에만 국한되는 것은 아니다. 내 안에 잠들어 있는 원어민을 깨우면 그 어떤 언어도 전부 쉽게 습득할 수 있다. 내가 과거에 기초 일본어를 단 2~3개월, 그것도 일주일에 이틀 정도 공부했는데도 일본어 시험에 합격해서 일본에 갔다 올 수 있었던 것도 바로 이 방법을 썼기 때문이다.

한 가지 더 유념할 것이 있다. 낭독을 할 때는 그 뜻을 시각적 이미지로 그리면서 하는 것이 효과적이다. 예를 들면 'She was the first woman to win the Nobel Prize.'를 낭독할 때는 최초의 여성 노벨상 수상자인 퀴리 부인을 연상하고, 'You have the right to remain silent.'를 낭독할 때는 경찰이 범인을 체포한 뒤 주지시키는 장면을 연상하라. 이렇게 하면 시각 이미지와 청각 이미지가 겹쳐지면서 이 표현을 오래 기억할 수 있다.

나는 40년 전 초등학교 국어책에 나오는 동화 등이 가끔 생각나곤 하는데 글은 어렴풋이 떠오르지만 글과 같이 있던 삽화는 아직도 강렬하게 이미지가 떠오른다. 시각 이미지가 얼마나 중요한지를 단적으로 보여주는 것이다. 이와 함께 리듬을 살리면서 낭독을 하면 기억이 더욱 오래 간다. 시각적인 연상과 함께 리듬에 맞추어서 동시를 낭송하듯이 문장을 낭독하면 모든 문장이 쉽게 외워진다. 이런 상태에서 미국 TV 드라마를 다시 보면 그 때는 주인공이 말하기 전에 상황에 맞는 표현이 자연스럽게 떠오르게 될 것이다.

슐리만의 낭독 습관

슐리만도 낭독 지상주의자였는데 그는 다음과 같이 썼다.

"지금까지 공부해 왔던 나만의 방식에 따라 짧은 문장이나 이야기를 작문하여 그것을 모조리 암기해 나갔다. 문장의 작문은 문법적인 잘못을 지적해 주는 선생이 없었기 때문에 엉망이었다. 그래도 나는 〈텔레마크의 모험〉의 러시아어 번역서를 암기했다.

하지만 이렇게 혼자 공부하는 것보다 누구든 나의 〈텔레마크의 모험〉 낭독을 들어 줄 상대가 있으면 학습 능률이 훨씬 빨리 향상될 것 같았다. 그래서 나는 한 가난한 유대인을 1주일에 4프랑씩 주기로 하고 고용했다. 그는 러시아어를 한 마디도 알아듣지 못하면서도 아침마다 두 시간씩 내 곁에서 러시아어 낭독을 들어야 했다.

그런데 보통 네덜란드의 집들은 천장이 판자로만 되어 있어서 어느 때는 1층에서도 4층에서 이야기하는 소리가 전부 들릴 정도였다. 그래서 나의 요란한 낭독 소리를 다른 세입자들이 더 이상 참을 수 없었던지 집주인에게 불평을 하는 바람에 두 번이나 하숙집에서 쫓겨나는 처지가 되었다. 하지만 그 정도의 어려움으로 나의 열의가 꺾일 리 없었으며, 6주가 지나자 러시아어 실력은 그럴 듯한 편지를 쓸 정도로 향상되었다."

05

마법의 30문장

1. It drives me crazy.

2. The jury found him innocent.

3. Anxiety kept him awake all night.

4. All work and no play makes Jack a dull boy.

5. What makes you think so?

6. My father told me to study hard.

7. Money will enable you to do anything and everything.

8. He kept me waiting for a long time.

9. The heavy rain kept us from going out.

10. I will keep my fingers crossed.

11. She was the first woman to win the Nobel Prize.

12. You have the right to remain silent.

13. I make it a rule to keep a diary every day.

14. Could you tell me how to get to the city hall?

15. I can' t decide what to wear.

16. I have no house to live in.

17. He was surprised to hear the news.

18. They must be crazy to believe such a thing.

19. He awoke to find himself famous.

20. The river is dangerous for children to swim in.

21. I want you to do me a favor.

22. The pilot was forced to fly to New York.

23. He is said to be a liar.

24. Let me introduce myself to you.

25. You had better consult a doctor.

26. We watched the sun rising over the sea.

27. I had my hair cut yesterday.

28. It is very nice of you to say so.

29. This book is too hard for me to read.

30. This book is easy enough for me to read.

1. It drives me crazy.

(나는 그것 때문에 미치겠어.)

2. The jury found him innocent.

(배심원은 그가 무죄라고 평결했다.)

〈유사 표현〉

a. I believe him honest.

b. You may find it hard to accept your illness.

c. I think it important to tell the truth.

- 제5형식
- 사람 주어
- 형용사 목적보어

Not guilty!

The jury found him innocent.

3. Anxiety kept him awake all night.

(그는 걱정 때문에 밤새 잠을 못 이루고 깨어 있었다.)

〈유사 표현〉

a. Keep your hands clean.

b. Leave me alone.

c. You have to get everything ready.

- 제5형식
- 사물 주어
- 형용사 목적보어

4. All work and no play makes Jack a dull boy.

(일만 하고 놀지 않으면 바보가 된다.)

〈유사 표현〉

a. The internet is making the world a global society.
b. They elected him chairman.
c. Many people consider Beethoven one of the finest composers of all time.

- 속담
- 제5형식
- 사물 주어
- 명사 목적보어

5. What makes you think so?

(너는 왜 그렇게 생각하니?)

〈유사 표현〉

a. She always makes me laugh.

b. This dress makes me look fat.

c. Nothing will make me change my mind.

- 제5형식
- 사물 주어
- 원형 부정사 목적 보어

Marry me, or I'll dive!

What makes you think so?

6. My father told me to study hard.

(나의 아버지는 나에게 열심히 공부하라고 말했다.)

〈유사 표현〉

a. My father allowed me to go abroad by myself.

b. I ordered him to leave the room.

c. He asked me not to drive so fast.

- 제5형식
- 사람 주어
- to 부정사 목적보어

My father told me to study hard.

7. Money will enable you to do anything and everything.

(돈이 있으면 무엇이든지 할 수 있다.)

〈유사 표현〉

a. The poor harvest caused prices to rise sharply.

b. I got him to wash my car.

c. The rain caused the river to overflow.

• 제5형식
• 사물 주어
• to 부정사 목적보어

8. He kept me waiting for a long time.

(그는 나를 오랫동안 기다리게 했다.)

〈유사 표현〉

a. The woman left her baby crying.

b. We got the engine running.

c. He caught her speaking ill of him.

- 제5형식
- 사람 주어
- 현재분사 목적보어

9. The heavy rain kept us from going out.

(우리는 세차게 내리는 비 때문에 외출하지 못했다.)

〈유사 표현〉

a. Nothing would prevent him from speaking out against injustice.

b. You can't stop people from saying what they think.

c. He discouraged his son from traveling alone.

- 유사 제5형식
- 사물 주어
- 금지 · 억제
  동사 사용

10. I will keep my fingers crossed.

(행운을 빕니다.)

〈유사 표현〉

a. She kept the children amused for hours.

b. No one can get everything done well at first.

c. He left his car unlocked.

- 제5형식
- 사람 주어
- 과거분사 목적보어

※ 아메리카 인디언이 작별시 손가락을 꼬아 행운을 비는 풍습에서 유래함.

11. She was the first woman to win the Nobel Prize.
(그녀는 노벨상을 받은 첫 번째 여자였다.)

〈유사 표현〉

a. He was the first man in Korea to win the Nobel Prize.

b. He is the last man to tell a lie.

c. Who do you think will be the first man in Korea to win the Nobel Prize in the scientific field?

• 제2형식
• 부정사
• 형용사적 용법

She was the first woman to win the Nobel Prize.

Mme. Curie

12. You have the right to remain silent.

(당신은 묵비권을 행사할 수 있다.)

13. I make it a rule to keep a diary every day.

(나는 매일 규칙적으로 일기를 쓴다.)

〈유사 표현〉

a. I make it a rule to exercise every morning.

b. He made it a rule never to watch television after 9 o' clock.

c. She made it her business to find out who was responsible.

- 제5형식
- 부정사
- 명사적 용법
  (진목적어)

I make it a rule to keep a diary every day.

14. Could you tell me how to get to the city hall?
(시청에 가는 길을 가르쳐 주시겠습니까?)

〈유사 표현〉

a. I don't know how to read this word.

b. Can you show me how to do it?

c. You must learn when to give advice and when to be silent.

- 제4형식
- 의문사 + 부정사
- 명사적 용법 (직접 목적어)

Could you tell me how to get to the city hall?

15. I can't decide what to wear.

(나는 무슨 옷을 입어야 할지 결정할 수 없다.)

〈유사 표현〉

a. I don't know what to do.

b. I don't know where to find him.

c. I don't know whether to go or stay.

• 제3형식
• 의문사 + 부정사
• 명사적 용법
 (목적어)

16. I have no house to live in.

(나는 살 집이 없다.)

<유사 표현>

a. I have nothing to do.

b. Old people need someone to talk to.

c. I need a pen to write with.

• 제3형식
• 부정사
• 형용사적 용법

17. He was surprised to hear the news.

(그는 그 소식을 듣고 놀랐다.)

〈유사 표현〉

a. We are always pleased to be able to help you.

b. He was disappointed to see she wasn't at the party.

c. He was happy to see his wife again.

• 제2형식
• 부정사
• 부사적 용법
  (감정의 원인)

Mary is getting married!
He was surprised to hear the news.

18. They must be crazy to believe such a thing.

(그런 일을 믿다니 그들은 미쳤음에 틀림없다.)

〈유사 표현〉

a. You are very kind to take me to the station.

b. He was foolish to agree to the proposal.

c. What a fool he is to believe such a thing!

- 제2형식
- 부정사
- 부사적 용법
  (이유 · 판단의 근거)

19. He awoke to find himself famous.

(그는 잠에서 깨어보니 자신이 유명해진 것을 알았다.)

〈유사 표현〉

a. He grew up to be a great poet.

b. He worked hard only to fail.

c. She went to Africa, never to return.

- 제1형식
- 부정사
- 부사적 용법(결과)

He awoke to find himself famous.

20. The river is dangerous for children to swim in.

(이 강은 아이들이 수영하기에 위험하다.)

〈유사 표현〉

a. He is hard to please.

b. This water is good to drink.

c. He is easy to get along with.

- 제2형식
- 부정사
- 부사적 용법

The river is dangerous for children to swim in.

21. I want you to do me a favor.

(내 부탁 좀 들어주세요.)

〈유사 표현〉

a. I want you to succeed.

b. He advised me to work out every morning.

c. I didn' t expect him to become a successful writer.

- 제5형식
- 부정사
- 목적보어

영어공부, 딱 30문장으로 끝낸다

22. The pilot was forced to fly to New York.

(그 조종사는 뉴욕으로 비행하도록 강요당했다.)

〈유사 표현〉

a. I was told to study hard.

b. He is not allowed to stay out late.

c. House prices are expected to rise sharply.

• 제2형식
• 부정사
• 준사역동사의 수동태

The pilot was forced to fly to New York.

23. He is said to be a liar.

(그는 거짓말쟁이라고 한다.)

〈유사 표현〉

a. He is believed to be an honest man.

b. He's thought to be one of the richest men in Asia.

c. She's considered to have the finest voice in the country.

• 제2형식
• 부정사
• 부사적 용법

He is said to be a liar.

24. Let me introduce myself to you.

(제 소개를 하겠습니다.)

〈유사 표현〉

a. Let me tell you something.

b. Help me clean the room.

c. Have him call me back.

• 제5형식
• 사역동사
• 원형부정사
• 목적보어

25. You had better consult a doctor.

(당신은 의사와 상담해야만 합니다.)

〈유사 표현〉

a. She does nothing but laugh.

b. I would rather starve than steal.

c. I could not but get angry with him.

- 제3형식
- 원형부정사

26. We watched the sun rising over the sea.

(우리는 바다 위로 해가 떠오르는 것을 지켜봤다.)

〈유사 표현〉

a. I saw him crossing the street.

b. He could hear a dog barking.

c. Can you smell something burning?

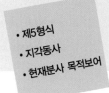

We watched the sun rising over the sea.

27. I had my hair cut yesterday.

(나는 어제 머리를 깎았다.)

〈유사 표현〉

a. She had her picture taken.

b. He had his watch fixed.

c. I had my wallet stolen.

- 제5형식
- 과거분사 목적보어

I had my hair cut yesterday.

28. It is very nice of you to say so.

(그렇게 말씀하시다니 당신은 좋은 사람이군요.)

〈유사 표현〉

a. It was really kind of you to help me.

b. It was nice of them to invite us.

c. It was very considerate of him to wait.

• 제2형식
• 성질형용사

29. This book is too hard for me to read.

(이 책은 내가 읽기에 너무 어렵다.)

〈유사 표현〉

a. You are too young to understand it.

b. I was too embarrassed to look her in the eye.

c. This matter is too important for me alone to handle.

- 제2형식
- 부정사
- 부사적 용법(정도)

30. This book is easy enough for me to read.

(이 책은 내가 읽기에 매우 쉽다.)

〈유사 표현〉

a. He was lucky enough to pass the exam.

b. She's old enough to decide for herself.

c. This problem is easy enough for me to solve.

• 제2형식
• 부정사
• 부사적 용법(정도)

06

에필로그

영어에 대한 오해와 진실

우리 민족은 배달민족이라 불린다. 나는 이것을 배달 소리 민족이라 부르고 싶다. 소리에는 탁월한 능력을 가진 민족이라 생각하기 때문이다. 일찍이 가무에 능했다는 기록이 고대사 곳곳에 나오고 있고 현대에도 노래 부르기라면 남한테 뒤지지 않는 이들이 한국인이다. 한국인을 빼놓고 세계 성악을 논할 수 없다는 이야기를 성악 전공생에게서 들은 바 있다.

우리말은 풍부한 의성어와 의태어로 정평이 나 있다. '싱글벙글', '울긋불긋', '알록달록', '알쏭달쏭', '곤드레만드레' 등 이러한 의성어와 의태어를 열거하라면 아마 책 한 권으로도 부족할 듯싶다. 세계 어느 언어에 이 정도로 풍부한 의성어와 의태어가 있단 말인가? 이 말에는 모두 우리 고유의 리듬이 배어 있다. 따라서 우리 민족은 리듬을 이미 타고 났다고 할 수 있을 것이다.

그런데도 도대체 왜 한국인은 영어를 잘 못한다고 할까? 많은 사람이 이렇게 질문했고 이 질문에 대한 대답도 중구난방이었다. 한국어와 영어는 어순이 다르다, 말하고 듣는 영어가 아니라 읽고 쓰는 영어를 해서 그렇다, 영어를 배워야지 공부해서는 안 된다는 등 그 원인 진단도 가지각색이다. 더 나아가서는 한국인은 원래 영어를 잘할 수 있는 소질이 부족하다는 말도 나오고 있다.

나는 완전히 반대로 말하고 싶다. 한국인은 어느 누구보다도 영어를 잘 할 수 있는 소질을 가지고 태어났다고. 한국인이 영어를 잘 못하는 것은 타고난 저마다의 소질을 계발하지 못했기 때문이라고.

한국인이 타고난 영어에 대한 소질을 계발하지 못하도록 한 데에는 영어 지도자들의 책임이 크다. 영어의 특성을 제대로 이해했던들 오늘날과 같은 영어 교육의 난맥상을 피할 수 있었을 것이다.

영어의 특성이 무엇인가? 그것은 강약의 리듬을 갖고 있다는 것이다. 우리말의 특성은 무엇인가? 그것은 강약의 리듬이 아니라 수평적인 리듬을 갖고 있다는 것이다. 리듬은 리듬이되 종류가 다른 리듬일 뿐이다. 그러면 문제는 수평적인 리듬에 익숙해져 있는 한국인을 강약의 리듬에 익숙해지도록 교육시키면 문제는 다 해결된다. 이미 타고난 리듬감이 있기 때문에 이것을 살짝 바꾸어주기만 하면 되는 것이다. 나머지는 지엽적인 문제일 뿐이다.

그러면 방법론상으로 강약의 리듬에 익숙해지도록 하기 위해 어떻게 할 것이냐 하는 문제로 귀결된다. 즉 열심히 테이프만 들을 것인지, 계속 영어 책만 볼 것인지, 아니면 소파에 파묻혀서 TV에 나오는 영어 드라마만 볼 것인지 하는 문제일 것이다.

나는 개별 단어에 대한 강세 주기가 영어 리듬 익히기의 첫 걸음이라고 생각한다. 개별 단어에서 생기는 분명한 강약의 리듬이 문장으로까지 확대되면 영어의 리듬은 완결된다고 할 수 있다. 그 다음에는 기초 문장을 이 리듬에 맞추어 낭독하는 일이다. 마지막으로 이 문장을 암기하면 된다.

이 과정은 마치 내 안에 잠들어 있는 원어민을 깨워 영어로 대화하는 것과 같다. 가장 이상적인 영어 향상 방법이 원어민과 생활하면서 대화하는 것이라면, 내 안에 있는 원어민과 대화하는 것이야말로 이에 버금가는 강력한 효과를 내게 된다.

그러면 어떤 문장부터 암기할 것인가? 외국인으로서 현실적으로 모든 문장을 다 암기하기는 어렵기 때문에 선택과 집중을 해야만 한다. 문장도 간결하고 의미도 풍부하면서 강약의 리듬이 살아 있는 문장을 암기해야 할 것이다. 이런 문장을 원어민이 자주 쓰는 것은 당연한 일이 아니겠는가?

이러한 조건에 부합하는 것이 바로 제5형식 문장과 부정사 문장이다. 따라서 다른 어떤 것보다 이 표현을 먼저 암기해야만 한다. 나는 이것을 '마법의 30문장'이라 부른다. 많은 학생들에게 가르쳐 보았는데 이 문장을 암기한 후에는 반드시 귀가 뚫리고 말문이 터졌다. 이것이 마치 마법과도 같다는 생각이 들어서 이름을 그렇게 붙였다.

앞서 프롤로그에서도 얘기했듯이 영어 책을 제대로 읽지 못한 학생이 있었는데 '마법의 30문장'을 암기한 후에 갑자기 귀가 뚫리고 말문이 터졌다. 당연히 영어 점수가 30점 대에서 80점대로 뛰어 올랐다. 이 과정이 불과 3개월밖에 걸리지 않았다. 처음에는 나도 내 눈을 의심했지만 학생이 부정 행위를 저질렀거나 채점이 잘못되지는 않았다. 그 후 여러 학생들에게 이 방법을 적용했지만 제대로 공부한 사람은 어김없이 3개월 만에 효과를 보았다.

여기에서 단군신화가 떠오른다. 단군 신화에는 곰이 마늘과 쑥을 먹고 100일 만에 인간으로 환생했다는 이야기가 나온다. 신화이기는 하지만 이는 우리 뇌의 잠재력이 100일 정도 정진하면 새로운 단계로 도약한다는 것을 의미한다고 생각한다. 마법의 30문장을 외우면 영어를 하는 데 많은 시간이 걸리지 않고 3개월이면 충분하다.

그런데 아직도 이런 효과적인 방법에 회의를 품고서 과거의 선입견을 버리지 못하고 있는 사람이 많다. 이들이 갖고 있는 오해를 한 번 열거해보자.

영어에 대한 오해

영어는 배우기 어렵고 오래 걸린다.

전혀 그렇지 않다. 리듬감을 익히고 문법의 핵심을 이해하며 기본 문장을 암기하면 아주 쉽다. 기간도 3개월이면 가능하다.

영어는 어렸을 때 배우지 않으면 안 된다.

천만의 말씀이다. 12세 이후에 배워도 얼마든지 잘 할 수 있다. 늦게 배웠을 때 영어가 잘 안 되는 이유는 영어의 리듬을 잘 이해하지 못하고 이를 모방하려고 하지 않기 때문이다. 이에 반해 어린아이는 상대적으로 모방에 뛰어나다. 따라서 늦게 배우더라도 어린아이처럼 모방하려는 의지만 있으면 충분하다.

어학연수를 다녀와야만 영어가 향상된다.

그렇지 않다. 어학연수 다녀와서 효과를 보는 사람보다는 보지 못하는 사람이 더 많다. 국내에서 하든, 해외에서 하든, 하기 나름이다.

원어민 없이 혼자서는 영어를 제대로 공부할 수 없다.

천만의 말씀. 내 안에 잠든 원어민을 깨워서 대화하면 된다. 즉 리듬에 맞추어 낭독하고 이를 암기하면 혼자서도 얼마든지 영어를 공부할 수 있다.

발음이 안 좋으면 영어가 안 된다.

아니다. 우리말은 거의 모든 소리를 표현할 수 있기 때문에 한국인이 영어 발음하기는 쉽다. 영어 발음 시 주의할 것은 영어에는 '一' 모음이 없기 때문에 이 발음을 하지 말아야 한다는 점이다. 만일 이 발음을 하면 영어의 강약 리듬이 깨지면서 우리말의 수평적 리듬으로 바뀌기 때문에 영어가 망가지게 된다.

영어는 꼭 원어민에게 배워야 한다.

결코 그렇지 않다. 영어와 우리말의 언어 체계를 다 아는 사람이 더 낫다. 영어를 배울 때는 우리말과 영어의 차이점을 먼저 이해할 필요가 있기 때문이다.

원어민보다 영어를 더 잘 할 수는 없다.

그렇지 않다. 물론 말하기와 듣기는 원어민을 능가하기 힘들지만 독해와 글쓰기는 원어민을 얼마든지 능가할 수 있다. 글의 3요소는 재료, 구성, 표현인데 이것들이 반드시 원어민에게만 유리한 요소라 할 수는 없다. 실제로 보면 원어민보다 명문을 쓰는 한국인도 꽤 있다.

듣기만 하면 영어가 된다.

천만의 말씀이다. 듣기는 초기 단계에서 영어의 리듬을 파악하는 데 필요하다. 이 리듬을 파악한 후에는 리듬에 맞추어 큰 소리로 읽어 문장을 암기해야만 한다. 이렇게 하면 듣기도 더 잘 된다. 우리 귀가 두 개이고 입이 하나인 것은 두 번 듣고서 한 번 말하라는 뜻이라고 한다. 이것은 영어에도 그대로 적용된다.

어휘만 알면 영어가 된다

이 또한 천만의 말씀이다. 우리는 말할 때 개별 단어로 말하지 않는다. 따라서 개별 단어가 연결된 문장을 알아야만 의사소통이 가능해진다. 더 정확히는 몇 개의 의미 단위로 이루어진 문장으로 의사 표현을 한다. 33,000개 어휘를 알았다고 해서 결코 의사소통이 저절로 되지는 않는다.

영어 듣기가 되려면 전체 단어가 다 들려야 한다.

그렇지 않다. 대체로 상대방이 말하는 것의 절반 정도만 들린다. 왜냐하면 강약의 리듬으로 강세를 준 음절만 잘 들리고 약세 음절은 잘 들리지 않기 때문이다. 그러면 어떻게 알아듣는가? 전체 문장 패턴으로 알아듣는다. 또한 중요한 단어에는 강세를 주기 때문에 중요 단어 몇 개만 확실히 들으면 전체 표현을 이해할 수 있다.

문법은 필요 없다.

결코 그렇지 않다. 외국인이 영어를 배울 때는 문법이 반드시 필요하다. 문법 중에는 핵심 문법도 있고 지엽적인 문법도 있다. 부정사와 같은 핵심 문법은 반드시 완전히 이해해야 한다.

말하기 · 듣기 · 독해 · 작문은 각각 별개이다.

아니다. 서로 통합되어 있다. 독해 속도가 빠른 사람이 말하기와 듣기도 잘할 뿐만 아니라 작문도 탁월하게 한다. 이는 이 네 가지가 문장 패턴 암기를 기본 바탕으로 하고 있기 때문이다.

영어 문장 암기는 매우 어렵다.

결코 그렇지 않다. 리듬에 맞추어 낭독하면 쉽게 외워진다. 문장이 잘 외워지지 않는 이유는 두 가지이다. 하나는 문장 자체에 리듬이 부족하기 때문이요, 다른 하나는 영어 리듬에 맞추지 않고 읽기 때문이다. 문장 자체에 리듬이 부족한 경우에는 일부러 외울 필요가 없다. 이런 문장은 회화에서는 잘 쓰이지 않기 때문이다. 리드미컬한 문장인데 잘 암기가 안 될 경우에는 강약의 리듬을 제대로 살리지 않기 때문인데 이것은 조금만 노력하면 쉽게 해결된다.

북유럽 사람보다 한국인이 영어를 더 못하는 것은 영어에 대한 결벽증 때문이다.

국내 한 교수의 주장인데 그렇지 않다. 한국인은 영어로 말을 할 때 혹시 틀리지나 않을까 하는 걱정 때문에 전혀 말을 시도하지 않는다는 것인데, 일부 그런 사람이 있을 수도 있지만 원인은 오히려 다른 데 있다.

스웨덴과 노르웨이 같은 북유럽의 선진국은 대외 무역이 활발하고 해외 교류가 활성화되어 있다. 반면에 우리나라는 국제화가 활발히 진행되고는 있지만 아직은 북유럽 국가만은 못하다. 이 차이가 영어 능력의 차이로 나타나는 것이다. 대외 교류가 활발할수록 국제 공용어인 영어 능력은 향상된다.

영어를 공용어로 해야만 영어를 잘 할 수 있다.

천만의 말씀이다. 북유럽과 베네룩스 3국은 영어가 공용어가 아닌데도 사람들은 영어를 능숙하게 구사한다. 이들이 영어를 잘하는 것은 대외 교류가 활발히 이루어지는 나라의 국민이기 때문이다. 전 국가 대표 축구 감독 히딩크의 네덜란드를 통해 알 수 있듯이 작은 나라일수록 더 영어를 잘 한다. 살기 위해서 대외 교류에 더 힘썼을 테니까. 공용어로 한다고 해서 영어 능력이 향상될 것이라는 보장은 어디에도 없다. 이보다는 각급 학교의 영어 교습법부터 바꾸는 것이 급선무다.

이상이 일반적으로 알려져 있는 영어에 대한 오해이다.
다음은 영어에 대한 진실을 보기로 하자.

영어에 대한 진실

국어 잘하는 사람이 영어도 잘한다.

그렇다. 국어와 영어는 형제간이라 할 수 있다. 소리와 리듬이라는 공통적인 핏줄로 얽혀 있기 때문에 국어 잘하면 영어도 잘 할 수 있다.

음악인은 영어를 잘할 수 있다.

그렇다. 음악과 언어는 사촌간이라 할 수 있다. 음악과 언어는 소리와 리듬이라는 공통점을 가지고 있기 때문이다. 특히 직접 소리를 내는 성악인은 영어를 아주 잘 할 수 있는 소질을 갖추고 있다고 할 수 있다. 정말 영어를 잘 하는가는 영어에 얼마나 많은 시간을 투여하느냐에 달려 있다.

한 사람이 많은 외국어를 다 잘 할 수 있다.

충분히 가능하다. 국어 잘하는 사람이 영어도 잘 한다면 물론 다른 외국어도 잘 할 수 있다. 모든 언어는 소리와 리듬이라는 공통점이 있기 때문이다. 각국 언어의 리듬과 핵심 문법만 파악하면 짧은 시간 내에 귀를 뚫고 말문을 열 수 있다. 방법은 똑같다. 리듬에 맞추어 낭독함으로써 내 안의 원어민을 깨우면 된다.

영어와 수학은 공부 방법이 달라야 한다.

그렇다. 수학이 과학에 속한다면 언어는 예술에 가깝다고 할 수 있다. 과학은 분석적이고 예술은 종합적이다. 따라서 문법 따지기를 계속하거나 어휘만 계속 외운다고 해서 영어가 향상되는 것은 결코 아니다. 이러한 문법과 어휘가 한데 얽힌 문장 암기를 해야만 하는 것이다.

수학이 조용히 생각하면서 손으로 문제를 풀어나가는 것이라면 영어는 입으로 큰소리를 내 고유의 리듬을 만끽하면서 공부해야만 한다. 수학 잘 하는 학생 중에 문법 따지기를 계속 하는 학생이 이따금씩 있는데, 이는 영어 실력 향상에 도움이 되지 않는 시간 낭비에 불과하다. 물론 수학 공부는 하나하나 다 따져보는 것이 필요할 것이다.

영어 향상은 자연적 습득이 아닌 인위적 학습으로 이루어진다.

그렇다. 모국어가 아닌 영어가 자연적으로 습득될 리 만무하다. 반드시 인위적 학습을 통해서만 향상될 수 있다. 문제는 어떤 학습 방법이 가장 효과적이냐는 것이다.

팝송을 많이 들으면 영어 공부에 도움이 된다.

그렇다. 팝송 듣기는 영어 리듬을 익히는 데 매우 좋은 방법이다. 하지만 시적인 가사는 일반 회화에서 별로 쓰이지 않는 말이기 때문에 기본 문장 암기는 반드시 별도로 해야만 한다.

영화를 많이 보면 영어 공부에 도움이 된다.

그렇다. 그것도 전쟁 영화, 갱 영화, 경찰 수사극, 병원을 소재로 한 영화가 아닌 평범한 일상생활을 다룬 멜로물을 선택해야 한다. 이 때 반드시 대본이 있는 것으로 공부해야 한다. 대본 없이 하다가 한번 잘못 알아듣게 되면 평생 그냥 굳어질 수 있다.

영어 일기를 쓰면 영어 공부에 도움이 된다.

그렇다. 말하기 · 듣기는 많이 하는데 글 쓸 기회가 별로 없는 사람은 영어로 일기를 써 보면 머릿속에 있는 영어가 정리된다. 그 동안 암기했던 문장을 활용하고 신문 등에서 읽는 표현도 그냥 넘기지 않고 유심히 보기 때문에 문장에 대한 이해력이 훨씬 좋아진다. 또한 이리저리 생각해서 고생 끝에 써 놓은 표현은 좀처럼 잊혀지지 않게 된다. 다만 주의할 점은 맞는지 틀리는지 자신이 없는 표현은 아예 쓰지 말아야 한다는 것이다. 그것을 감수할 편집자가 없기 때문이다.

좋은 영어 선생에게서 영어를 배워야 한다.

그렇다. 일부 영어 선생 중에는 영어에 대한 정확한 이해 없이 영어를 가르치는 분들이 있다. 영어를 배울 때는 영어와 우리말을 제대로 이해하고 영어의 핵심을 꿰뚫고 있는 선생에게서 배워야 짧은 시간에 영어를 습득할 수 있다.

이상이 영어에 대해 내가 말할 수 있는 진실이다.